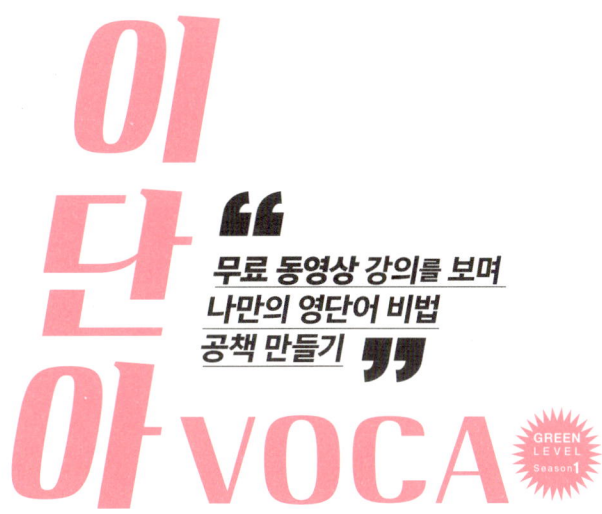

이단아 VOCA

> "무료 동영상 강의를 보며
> 나만의 영단어 비법
> 공책 만들기"

GREEN LEVEL Season 1

Bob & Dylan 지음

TOEIC, TOEFL, TEPS
수능, 초중고 내신
대학편입
원문독해

모든 영어 시험 대비 + 영어 감각 키우기 DIY Study Book

책·무료 강의 동영상 활용법

각자 진도에 따라 책을 편다
▼
유튜브에 접속하여 **'이단아 보카'**를 검색한다
▼
각자 **진도**에 해당하는 강좌를 찾는다
(ex) "Season 1 Unit 2" 등)
▼
동영상 강의를 집중해서 들으며 꼼꼼하게 **필기** 한다
(자칫 놓친 부분은 다시 듣는 게 좋다)
▼
책에 정리된 단어 목록으로 방금 배운 어휘들을 **복습**한다
▼
깔끔하게 필기했는지 **검토**하고 놓친 부분을 **다시 체크**한다
(DIY 의 핵심 과정)
▼
이해가 안되는 부분은 **표시**해 두었다가 시간 날 때 강의를 다시 들으며 **복습**한다
▼
점점 자기도 모르게 **영단어의 달인**이 되어 간다
▼
각종 시험에서 뛰어난 성적을 올려 원하는 점수를 **얻는다**
▼
더 이상 영어 단어 때문에 **고민**하지 않는다
▼
행복하다

이단아 VOCA
DIY Study Book

TOEIC, TOEFL, TEPS
수능, 초중고 내신
대학편입
원문독해

모든 영어 시험 대비 + 영어 감각 키우기
스스로 제작 공책

평균 15분 내외의 동영상 강의를 통해
전국 최고 퀄리티의 **어휘 과외 선생님**을 만나는 효과를 누릴 수 있습니다.
또한 강의를 들으며 필기가 가능하고 스스로 시험까지 완료하는
DIY STUDY BOOK으로 세상 어디에도 없는
나만의 영단어 비법 공책을 완성하세요.

이 공책을 사용하기 전에
'**이단아 VOCA Pre-Class Lecture**' 영상을 보면
이단아VOCA의 공부 원리를 더욱 쉽게 이해할 수 있습니다.

이단아VOCA를 소개합니다

이 영어 단어 아세요? Vocabulary

기존 영어 어휘 학습의 단점부터 알아야 합니다.

✗ 단순암기를 통한 학습

가장 오래된 학습법이지만 학생의 순수한 노력에만 의존하는 비효율적인 방법. 단어를 외우더라도 기억이 오래가지 않을뿐더러 흥미를 느낄 수 없고 주입식으로 끊임없이 지속되므로 실증을 느껴 심지어 영어를 포기하게 만드는 주된 원인이 됨. 학교, 학원, 개인이 가장 손쉽게 접할 수 있는 방법이라 암기를 권유하고 시도하지만 공부하는 시간에 비해 턱도 없이 부족한 효율성. 다른 과목도 복합적으로 공부해야 하는 수험생에게는 시간의 적이 될 수 밖에 없음.

✗ 기억법을 통한 학습

해마 기억법, 공간 지각 기억법, 그림 기억법, 스토리 텔링 기억법 등을 통한 어휘 학습은 기억이 오래 간다는 것은 장점. 그러나 어휘가 가지고 있는 생성 원리를 알 수 없으며 대부분 한두 가지 뜻만 외우기 때문에 영어에 실제로 적용하는데 문제가 많음. 어휘의 의미는 당장 떠올릴 수 있으나 시간이 지나면 어휘 자체의 의미는 잊어버리고 기억했던 과정이나 그림, 공간, 연결된 이야기의 내용만 기억이 나는 경우가 많음.

✗ 기존의 어근 학습법

가장 나은 어휘 학습법이라 할 수 있으나 이 방법을 적용한 교재나 학습법은 이미 높은 어휘 수준에 올라 있는 학생 위주로 만들어진 경우가 많음. 어휘 초급자에게는 수준이 맞지 않는 경우가 대부분. 각 어근이나 접미사, 접두사에 딸린 단어의 실제 조합 원리를 체계적으로 가르치는 것이 아니라 이미 조합된 단어의 나열을 통해 학생 스스로 단어의 생성 원리를 파악해야함. 실제로 많이 사용 되지 않는 어휘를 제시하여 어휘에 대한 현학적 태도만 키울 뿐 시험에 적용하거나 글을 편하게 읽는 등의 실용적인 측면에서 보면 비효율적임.

★ 이단아 VOCA와 함께 영어 학습의 단점을 극복합시다! ★

O 대한민국에 지금까지 없던 최적의 영어 어휘 학습 프로그램
- 어휘 학습의 핵심인 기억 지속력과 응용력 그리고 공부시간 절약을 한 번에 해결하는 프로그램
- 학습 진행순서
  1) 평균 15분 정도의 Bob 선생의 무료 동영상 강의를 시청하면서 DIY STUDY BOOK에 바로 필기.
  2) 시청 후 동영상의 내용을 떠올리며 5~10분 DIY STUDY BOOK으로 바로 복습.
  3) 복습 후 Test를 통해 그날 배운 어휘는 그날 완성.
  * 사람마다 약간의 차이는 있을 수 있으나 25~30분 정도 소요.

O 쉬운 단어부터 생성 원리를 배우고, 재밌는 동영상 강의로 차근차근 감각 익히기
회당 평균 15분 내외로 제작된 Bob 선생의 동영상 강의는 쉬운 단어부터 영어 어휘의 생성 원리를 알려줌. 각 어휘의 기본 의미 외에도 다른 의미의 파생 원리를 각종 배경 지식과 재미있는 설명을 통해 쉽게 알려줌. 암기의 보존력을 최대로 키움은 물론 각종 시험을 보는 능력 뿐 아니라 글을 읽는 응용력까지도 생성되는 효과.

O 언제 끝날지 모르는 어휘 학습법은 가라!
버스, 지하철, 집과 학교 심지어는 화장실에서까지 일정 분량의 어휘를 외우기 위해 단어책을 끝없이 쥐고 있는 공부법은 이제 그만. 매일 25~30분 동안 영상과 DIY STUDY BOOK으로 하루에 배울 분량만 공부하면 끝. 외우지 않아도 이해하게 되면 성취감이 올라가고 집중력도 향상. 스스로 원하는 방식, 시간, 방법으로 공부하면 됨.

O 시험에 강하다!
쉬운 단어에서 어려운 단어까지 교육부에서 지정한 필수 어휘를 토대로 구성된 내용. 내신, 수능뿐 아니라 각종 공인 영어 시험에서도 자주 출제되는 어휘를 공부하게 됨으로 시험에 강한 실력을 갖추게 됨.

O 글을 읽는 감각에 최적화!
단어 때문에 읽던 글이 막히는 일은 이제 그만! 자꾸 독해를 하려는 버릇도 이제 그만! 영어는 영어로써 이해해야 함. 이단아VOCA는 어휘의 생성 원리와 단어가 어째서 그러한 의미를 갖게 되었는지 알게 해주므로 영어의 감각으로 영어 문장을 이해하게 해줌.

차례 이단아 VOCA / 접미사

책·무료 강의 동영상 활용법 ···················· 04

이단아 VOCA를 소개합니다 ···················· 06

명사 만들기

Unit 1 ···················· 11
엄청나게 쉬운 동사 또는 명사 + -er, -or, -ar = 사람, 행위자, 작동물

Unit 2 ···················· 19
엄청나게 쉬운 형용사 또는 동사 + -(i)ty, -y, -th, -t = 명사(상태)

Unit 3 ···················· 29
엄청나게 쉬운 동사 또는 형용사 + -(t)ion, -ment, -ness = 명사(동작, 상태)

Unit 4 ···················· 37
엄청나게 쉬운 동사 + -age, -ance & -ence, -al = 명사(상태, 행위, 집단)

Unit 5 ···················· 47
엄청나게 쉬운 명사 또는 동사 + -ry, -ure, -ing = 성질, 상태, 추상 명사

동사 만들기

Unit 6 ···················· 55
엄청나게 쉬운 형용사 또는 명사 + -en = 동사

Unit 7 ···················· 65
엄청나게 쉬운 형용사 또는 명사 + -ize = 동사

Unit 8 ···················· 73
각종 어근 또는 형용사, 명사 + -ate = 동사

Unit 9 ··· 83
각종 어근과 형용사 또는 명사 + **-fy, -e, -ish** = **동사**

형용사 만들기

Unit 10 ·· 91
엄청나게 쉬운 명사, 동사 + **-y** = 형용사
: 어근 학습이 필요한 동사 + **-(a)tive, -ive** = **형용사**

Unit 11 ·· 101
각종 어근과 또는 명사 + **-al, -ate** = **형용사**

Unit 12 ·· 109
명사, 동사 또는 어근 + **-able** = '~할 수 있는' 뜻의 형용사

Unit 13 ·· 119
각종 어근과 또는 동사 + **-(c)ant, -ent** = **형용사**

Unit 14 ·· 127
명사 또는 어근 + **-ous** = **형용사**

Unit 15 ·· 137
동사 또는 명사 + **-ful, -less** = '가득찬 ; ~가 없는' 뜻의 형용사

Unit 16 ·· 147
엄청나게 쉬운 명사, 일부 동사 또는 어근 + **-ly, -ish** = **형용사**

부사 만들기

Unit 17 ·· 155
엄청나게 쉬운 형용사, 전치사, 부사, 명사와 어근 + **-ly, -ward, -wise, -way(s)** = **부사**

UNIT 1

엄청나게 쉬운 **동사** 또는 **명사** + | -er, -or, -ar | = 사람 행위자 작동물

우리가 너무너무 잘 알고 있는 쉬운 단어에 '-er, -or, -ar' 이라는 접미사를 붙여 보자.
각 동사나 명사의 의미가 행동하는 사람이나 행위자, 작동하는 물건을 가리키는 명사로 바뀐다.
얼마나 간단한 이치인가. 문장의 주어, 목적어, 보어, 전치사 뒤에
항상 많이 사용되는 행위자가 만들어지는 원리를 터득해 보자.

UNIT 1.1 Essential Words
쉬운 단어지만 필수니까!

유튜브 무료 강의 동영상 : 이단아VOCA
Green Level : Season 1 : Unit 1.1

필수 단어	의미
work	
teach	
read	
buy	
write	
begin	
employ	
office	
engine	
New York	
village	
foreign	
roll	
compute	
act	
visit	
invent	
direct	
edit	
lie	
beg	
school	

UNIT 1.2 Adding Noun Suffixes
이제 접미사를 붙여보자

Green Level : Season 1 : Unit 1.2

필수 단어	명사형 접미사	완성 단어	새로운 의미
work	er		
teach	er		
read	er		
buy	er		
write	er		
begin	er		
employ	er		
office	er		
engine	er		
New York	er		
village	er		
foreign	er		
roll	er		
compute	er		
act	or		
visit	or		
invent	or		
direct	or		
edit	or		
lie	ar		
beg	ar		
school	ar		

UNIT 1.2 쉬운 패턴인데 조금 더 알아볼까

필수 단어	명사형 접미사	완성 단어	새로운 의미
piano	st		
serve	ant		
study	ent		
music	ian		
secret	ary		
nat = born	ive		
act	ress		

단어의 변형과 의미를 다시 한 번 정리!

의미가 달라지는 단어도 있으니 잘 기억해!

work	일하다	woker	일하는 사람, 근로자
teach	가르치다	teacher	선생님
read	읽다	reader	독자
buy	사다, 구매하다	buyer	구매자
write	(글)쓰다	writer	작가
begin	시작하다	beginner	초보자
employ	고용하다	employer	고용주(고용하는 사람)
office	사무실	officer	경찰관
engine	엔진	engineer	엔지니어
New York	뉴욕	New Yorker	뉴욕에 사는 사람
village	마을	villager	마을 사람
foreign	외국의	foreigner	외국인
roll	구르다	roller	굴림대
compute	계산하다	computer	컴퓨터
act	행동하다	actor	배우
visit	방문하다	visitor	방문객
invent	발명하다	inventor	발명가
direct	지시하다	director	감독
edit	편집하다	editor	편집자
lie	거짓말하다	liar	거짓말쟁이
beg	간청하다	beggar	거지
school	학교	scholar	학자
piano	피아노	pianist	피아니스트
serve	(용역, 음식 등을)제공하다	servant	하인
study	공부하다	student	학생
music	음악	musician	음악가
secret	비밀	secretary	비서
nat = born	태어난	native	토착민
act	행동	actress	여배우

Green Level - Season 1 _ Unit 1

UNIT 1 오늘의 쪽지 시험
학습 효과를 확인해봐~!

1. 단어의 의미를 써보자.

단어	의미		단어	의미
1 edit			11 begin	
2 roll			12 work	
3 teach			13 beg	
4 act			14 direct	
5 read			15 foreign	
6 compute			16 lie	
7 buy			17 engine	
8 invent			18 village	
9 write			19 office	
10 visit			employ	

2. 접미사 붙여 한 번 더~

단어	의미		단어	의미
1 reader			11 editor	
2 worker			12 teacher	
3 servant			13 employer	
4 writer			14 officer	
5 student			15 villager	
6 buyer			16 inventor	
7 musician			17 visitor	
8 beginner			18 liar	
9 secretary			19 beggar	
10 actress			20 director	

3. 빈 칸에 알맞은 단어를 넣자.

1. I need to _____ the draft by Friday.
   금요일까지 초고를 편집해야 해요.

2. We _____ a gardener two days a week.
   우리는 일주일에 이틀 동안 정원사를 고용한다.

3. I no longer _____ what's weird.
   나는 더 이상 뭐가 이상한지 계산하지 않는다.

4. I want to _____ special shoes.
   나는 특별한 신발을 발명하고 싶다.

5. Leonardo DiCaprio wants to _____ films.
   레오나르도 디카프리오는 영화를 감독하기 원한다.

6. They can't find work, so they _____ for food.
   그들은 일자리를 구할 수가 없어 구걸합니다.

7. The _____ was famous for treating stars badly.
   그 감독은 스타들을 심하게 다루는 것으로 유명했다.

8. I'm a mere _____ in this business.
   이 일에 나는 초보자이다.

9. Oh, the _____ is the real prince!
   오! 하인이 바로 진짜 왕자예요!

10. Kim is the _____ of a robot called the Stickybot.
    김씨는 스티키봇이라고 불리는 로봇의 발명자이다.

11. His _____ helped him with the work.
    그의 비서가 업무를 보조했다.

12. Who is the _____ of the "Times"?
    타임즈지(誌)의 편집자는 누구입니까?

정답

[1] 1 편집하다 2 구르다 3 가르치다 4 행동하다, 시행하다 5 읽다 6 계산하다 7 구입하다, 사다 8 발명하다 9 쓰다 10 방문하다 11 시작하다 12 일하다 13 구걸하다, 간청하다 14 감독하다 지휘하다 15 외국의 16 거짓말하다, 눕다 17 엔진 18 마을 19 사무실 20 고용하다

[2] 1 독자 2 일하는 사람, 노동자 3 하인 4 작가 5 학생 6 구매자 7 음악가 8 초보자 9 비서 10 여배우 11 편집자 12 선생님 13 고용자(고용한 사람) 14 경찰관 15 마을사람 16 발명가 17 방문자 18 거짓말쟁이 19 거지 20 감독

[3] 1 edit 2 employ 3 compute 4 invent 5 direct 6 beg 7 director 8 beginner 9 servant 10 inventor 11 secretary 12 editor

Green Level – Season 1 _ Unit 1

UNIT 2

엄청나게 쉬운 **형용사** 또는 **동사** + | -(i)ty, -y, -th, -t | = 명사 (상태)

우리가 너무너무 잘 알고 있는 쉬운 단어에 '-(i)ty, -y, -th, -t' 라는
접미사를 붙여 보자. 각 형용사나 동사의 상태를 나타내주는 명사로 바뀐다.
문장의 주어, 목적어, 보어, 전치사 뒤에 많이 사용되는
상태명사가 만들어지는 원리를 터득해 보자.

UNIT 2.1 Essential Words
쉬운 단어지만 필수니까!

유튜브 무료 강의 동영상 : 이단아VOCA
Green Level : Season 1 : Unit 2.1

필수 단어	의미
safe	
loyal	
cruel	
various	
active	
equal	
real	
honest	
difficult	
discover	
injure	
grow	
true	
deep	
complain	
long	
strong	
high	

UNIT 2.2 Adding Noun Suffixes
이제 접미사를 붙여보자

유튜브 무료 강의 동영상 : 이단아VOCA
Green Level : Season 1 : Unit 2.2

필수 단어	명사형 접미사	완성 단어	새로운 의미
safe	ty		
loyal	ty		
cruel	ty		
various	ty		
active	ity		
equal	ity		
real	ity		
honest	y		
difficult	y		
discover	y		
injure	y		
grow	th		
true	th		
deep	th		
complain	t		
long	th		
strong	th		
high	t		

다음 페이지로 넘어가자~ ⇨ ⇨ ⇨ ⇨

Green Level – Season 1 _ Unit 2

UNIT 2.2 Additional Study — 쉬운 패턴인데 조금 더 알아볼까

유튜브 무료 강의 동영상 : 이단아VOCA
Green Level : Season 1 : **Unit 2.2**

필수 단어	명사형 접미사	완성 단어	새로운 의미
grave	ity		
electric	ity		
humid	ity		

단어의 변형과 의미를 다시 한 번 정리!
의미가 달라지는 단어도 있으니 잘 기억해!

safe	안전한	safety	안전
loyal	충성스런	loyalty	충성(심)
cruel	잔인한	cruelty	잔인함
various	다양한	variety	갖가지, 다양성
active	활발한	activity	활기, 활동
equal	동등한	equality	평등
real	실제의	reality	현실, 사실
honest	정직한	honesty	정직함
difficult	어려운	difficulty	어려움, 고난
discover	발견하다	discovery	발견
injure	상처주다	injury	상처, 부상
grow	자라다, 키우다	growth	성장, 증가
true	진실의	truth	진실
deep	깊은	depth	깊이
complain	불평하다	complaint	불평
long	(길이가)긴	length	길이
strong	강한	strength	힘, 기운
high	높은	height	키, 높이
grave	무거운	gravity	중력
electric	전기의	electricity	전기
humid	습한	humidity	습함, 습도

Green Level – Season 1 _ Unit 2

UNIT 2 오늘의 쪽지 시험
학습 효과를 확인해봐~!

1. 단어의 의미를 써보자.

단어	의미	단어	의미
1 honest		11 grow	
2 discover		12 safe	
3 deep		13 injure	
4 complain		14 various	
5 cruel		15 real	
6 active		16 long	
7 equal		17 strong	
8 loyal		18 high	
9 difficult			
10 true			

2. 접미사 붙여 한 번 더~

단어	의미	단어	의미
1 honesty		11 length	
2 growth		12 complaint	
3 difficulty		13 injury	
4 strength		14 variety	
5 truth		15 discovery	
6 safety		16 activity	
7 depth		17 gravity	
8 loyalty		18 humidity	
9 cruelty		19 electricity	
10 height		20 equality	

3. 빈 칸에 알맞은 단어를 넣자.

1. Try to _____ the hidden you.
   숨은 당신의 참모습을 발견하려고 노력해라.

2. You always _____ that you look like an old man.
   아저씨 같아 보인다고 항상 불만이잖아요.

3. Much smoking tends to _____ the voice.
   과도한 흡연은 성대를 해치기 쉽다.

4. It is _____ to do such a thing.
   그런 짓을 하는 것은 잔인하다.

5. All men are _____ under the law.
   누구나 법 앞에 평등하다.

6. People eat apples in _____ ways.
   사람들은 다양한 방법으로 사과를 먹는다.

7. She told us a story of some _____ .
   그녀는 상당히 긴 이야기를 우리에게 했다.

8. A kind person can commit acts of _____ .
   친절한 사람도 잔인한 행동을 할 수 있다.

9. The _____ in life is the choice.
   인생에 있어서 어려운 것은 선택이다.

10. I have no _____ to this company anymore.
    난 이 회사에 더 이상 충성심이 없어.

11. In space, there is no _____ .
    우주에는 중력이 없다.

12. The _____ is expected to be high today.
    오늘은 습도가 높을 것으로 예상된다.

정 답

[1] 1 정직한 2 발견하다 3 깊은 4 불평하다 5 잔인한 6 능동적인, 활동적인 7 동등한, 같은 8 충성하는 9 어려운 10 진실의 11 자라다, 키우다 12 안전한 13 상처주다 14 다양한 15 실제의, 사실 16 긴 17 강한 18 높은

[2] 1 정직 2 성장 3 어려움, 고난 4 힘 5 진실 6 안전 7 깊이 8 충성(심) 9 잔인함 10 높이 11 길이 12 불평, 불만 13 상처 14 다양함 15 발견 16 행동함 17 중력 18 습기(습함) 19 전기 20 동등함, 평등

[3] 1 discover 2 complain 3 injure 4 cruel 5 equal 6 various 7 length 8 cruelty 9 difficulty 10 loyalty 11 gravity 12 humidity

Green Level - Season 1 _ Unit 2

UNIT 1-2 총정리

필수 명사를 만드는 접미사 테스트

Step 1. 아래에 있는 접미사를 이용하여 단어를 명사로 바꾸고 의미를 써보자.

> -er, -or, -ress, -(i)ty, -y, -th

	단어	의미		단어	의미
1 safe			6 cruel		
2 grow			7 employ		
3 compute			8 long		
4 loyal			9 invent		
5 discover			10 injure		

Step 2. 다음 단어의 품사와 의미를 써보자.

	품사	의미		품사	의미
1 honest			6 reality		
2 beginner			7 height		
3 complain			8 foreigner		
4 equality			9 humid		
5 various			10 gravity		

Step 3. 다음 의미에 맞는 단어를 써보자.

1 활기, 활동	_____	6 힘, 기운	_____
2 성장	_____	7 동등한	_____
3 고용주	_____	8 외국인	_____
4 불평, 불만	_____	9 어려운	_____
5 습함, 습도	_____	10 발견	_____

Step 4. 밑줄 친 단어가 잘못 쓰인 문장을 골라보자.

1 I can't stand people who are cruel to animals.

2 Could you direct me to the Men's Wear department?

3 Don't you believe in equally between men and women?

4 She sent her copy to the editor.

정답

[1] 1 safety 안전 2 growth 성장 3 computer 컴퓨터 4 loyalty 충성심 5 discovery 발견 6 cruelty 잔인함 7 employer 고용주 8 length 길이 9 inventor 발명가 10 injury 상처
[2] 1 형용사/정직한 2 명사/초보자 3 동사/불평하다 4 명사/평등, 동등함 5 형용사/다양한 6 명사/현실, 실현 7 명사/높이 8 명사/외국인 9 형용사/습한 10 명사/중력
[3] 1 activity 2 growth 3 employer 4 complaint 5 humidity 6 strength 7 equal 8 foreigner 9 difficult 10 discovery
[4] 3번 equality로 고쳐야 함(전치사 뒤 명사 자리임)

UNIT 3

엄청나게 쉬운 **동사** 또는 **형용사** + | -(t)ion, -ment, -ness | = 명사 (동작, 상태)

우리가 너무너무 잘 알고 있는 쉬운 단어에
'-(t)ion, -ment, -ness'라는 접미사를 붙여 보자.
각 동사나 형용사 의미의 동작이나 상태를 나타내는 명사가 된다.
문장의 주어, 목적어, 보어, 전치사 뒤에 사용되는
동작, 상태명사가 만들어지는 원리를 터득해 보자.

UNIT 3.1 Essential Words — 쉬운 단어지만 필수니까!

필수 단어	의미
add	
create	
educate	
imitate	
discuss	
select	
relate	
decide	
move	
agree	
treat	
manage	
govern	
kind	
dark	
weak	
ill	
aware	
happy	
busy	

UNIT 3.2 Adding Noun Suffixes
이제 접미사를 붙여보자

유튜브 무료 강의 동영상 : 이단아VOCA
Green Level : Season 1 : Unit 3.2

필수 단어	명사형 접미사	완성 단어	새로운 의미
add	tion		
create	ion		
educate	ion		
imitate	ion		
discuss	ion		
select	ion		
relate	ion		
decide	ion		
move	ment		
agree	ment		
treat	ment		
manage	ment		
govern	ment		
kind	ness		
dark	ness		
weak	ness		
ill	ness		
aware	ness		
happy	ness		
busy	ness		

다음 페이지로 넘어가자~ ⇨ ⇨ ⇨ ⇨

UNIT 3.2 Additional Study
쉬운 패턴인데 조금 더 알아볼까

유튜브 무료 강의 동영상 : 이단아VOCA
Green Level : Season 1 : Unit 3.2

필수 단어	명사형 접미사	완성 단어	새로운 의미
invite	tion		
will	ness		
tire	ness		

단어의 변형과 의미를 다시 한 번 정리!
의미가 달라지는 단어도 있으니 잘 기억해!

add	더하다	addition	더하기
create	만들다	creation	창조
educate	교육하다	education	교육
imitate	모방하다	imitation	모방
discuss	토의하다	discussion	토의
select	고르다	selection	선택
relate	연관시키다	relation	연관
decide	결심하다	decision	결정, 결심
move	움직이다	movement	이동
agree	동의하다	agreement	동의, 합의
treat	치료하다	treatment	치료
manage	관리하다	management	관리
govern	지배하다	government	정부
kind	친절한	kindness	친절
dark	어두운	darkness	어두움
weak	약한	weakness	허약함, 단점
ill	아픈	illness	아픔, 질병
aware	알아차리는	awareness	깨달음
happy	행복한	happiness	행복
busy	바쁜	business	사업
invite	초대하다	invitation	초대
will	의지	willingness	기꺼이 함
tire	피곤하게 하다	tiredness	피곤함

Green Level – Season 1 _ Unit 3

UNIT 3 오늘의 쪽지 시험
학습 효과를 확인해봐~!

1. 단어의 의미를 써보자.

단어	의미		단어	의미
1 agree			11 imitate	
2 kind			12 treat	
3 happy			13 select	
4 create			14 manage	
5 move			15 relate	
6 govern			16 busy	
7 dark			17 aware	
8 discuss			18 educate	
9 add			19 decide	
10 ill			20 weak	

2. 접미사 붙여 한 번 더~

단어	의미		단어	의미
1 selection			11 addition	
2 movement			12 government	
3 darkness			13 relation	
4 treatment			14 agreement	
5 decision			15 awareness	
6 weakness			16 discussion	
7 willingness			17 business	
8 imitation			18 illness	
9 tiredness			19 management	
10 education			20 creation	

3. 빈 칸에 알맞은 단어를 넣자.

1. The cosmic laws _____ our world.
   우주의 법칙이 이 세계를 지배한다.

2. Boys try to _____ their fathers.
   남자아이들은 아버지를 흉내내려고 한다.

3. Can we _____ a few things?
   몇 가지 토의 좀 할 수 있을까요?

4. His family was too poor to _____ him further.
   그의 가족은 그를 더 교육시키기에는 너무 가난했다.

5. You must _____ days of week
   요일을 선택해야 합니다.

6. I _____ this car like my best friend.
   나는 이 차를 소중한 친구처럼 다룬답니다.

7. I want to receive fair _____ .
   나는 공정한 대우를 받고 싶다.

8. Man is the lord of _____ .
   인간은 창조의 왕이다.

9. We learn many things by _____ .
   우리는 모방에 의해서 많은 것을 배운다.

10. She has _____ to that issue.
    그녀는 그 문제와 연관이 있다.

11. She expressed her _____ by her look.
    그녀는 표정으로써 기꺼이 하겠다는 뜻을 나타냈다.

12. In principle, I'm in _____ to that.
    전 원칙적으로 그 점에 동의합니다.

정답

[1] 1 동의하다 2 친절하다 3 행복하다 4 만들다, 창조하다 5 움직이다, 감동시키다 6 다스리다, 지배하다 7 어려운 8 토론하다 9 더하다, 추가하다 10 아픈 11 모방하다 12 다루다, 치료하다 13 선택하다 14 관리하다 15 연관시키다 16 바쁜 17 깨닫다, 알아차린 18 교육하다 19 결심하다 20 (허)약한
[2] 1 선택 2 움직임, 감동 3 어둠, 암흑 4 치우, 치료 5 결정 6 약점, (허)약함 7 기꺼이 함 8 모방 9 피곤함 10 교육 11 더하기, 추가, 부가 12 정부 13 관계 14 동의, 합의, 조약 15 깨달음 16 토론 17 사업 18 아픔, 병, 질환 19 관리 20 창조
[3] 1 govern 2 imitate 3 discuss 4 educate 5 select 6 treat 7 treatment 8 creation 9 imitation 10 relation 11 willingness 12 agreement

Green Level – Season 1 _ Unit 3

UNIT 4

엄청나게 쉬운 **동사** + | -age, -ance & -ence, -al | = **명사** (상태, 행위, 집단)

우리가 너무너무 잘 알고 있는 쉬운 단어에
'-age, -ance & -ence, -al' 라는 접미사를 붙여 보자.
각 동사의 상태나 행위를 나타내는 명사가 된다. 가끔 집단의 의미를 보여주기도 한다.
Unit 4의 명사 접미사들은 모두 동사가 명사로 바뀔 때 쓰이는 접미사들임에 주목하자.
문장의 주어, 목적어, 보어, 전치사 뒤에 사용되는 상태, 행위명사가 만들어지는 원리를 터득해 보자.

Green Level – Season 1 _ Unit 4

UNIT 4.1 Essential Words — 쉬운 단어지만 필수니까!

유튜브 무료 강의 동영상 : 이단아VOCA
Green Level : Season 1 : Unit 4.1

필수 단어	의미
use	
pack	
pass	
store	
marry	
bag	
differ	
depend	
excel	
enter	
appear	
arrive	
deny	
survive	
try	

UNIT 4.2 이제 접미사를 붙여보자

Adding Noun Suffixes

유튜브 무료 강의 동영상 : 이단아VOCA
Green Level : Season 1 : Unit 4.2

필수 단어	명사형 접미사	완성 단어	새로운 의미
use	age		
pack	age		
pass	age		
store	age		
marry	age		
bag	age		
differ	ence		
depend	ence		
excel	ence		
enter	ance		
appear	ance		
arrive	al		
deny	al		
survive	al		
try	al		

다음 페이지로 넘어가자~ ➡ ➡ ➡ ➡

UNIT 4.2 Additional Study — 쉬운 패턴인데 조금 더 알아볼까

유튜브 무료 강의 동영상 : 이단아VOCA
Green Level : Season 1 : **Unit 4.2**

필수 단어	명사형 접미사	완성 단어	새로운 의미
import	ance		
revive	al		
renew	al		
approve	al		

단어의 변형과 의미를 다시 한 번 정리!

의미가 달라지는 단어도 있으니 잘 기억해!

use	사용하다	usage	용법, 사용
pack	싸다	package	포장물
pass	지나가다	passage	통로
store	저장하다	storage	저장(고)
marry	결혼하다	marriage	결혼
bag	가방	baggage	짐
differ	다르다	difference	차이
depend	의존하다	dependence	의존
excel	뛰어나다	excellence	뛰어남
enter	들어가다	entrance	(출)입구
appear	나타나다	appearance	외모
arrive	도착하다	arrival	도착
deny	부정하다	denial	부정, 부인
survive	생존하다	survival	생존
try	시도하다	trial	시도, 재판
import	수입하다, 중요성(명사)	importance	중요성
revive	활기를 되찾다	revival	재생
renew	갱신하다	renewal	갱신
approve	승인하다	approval	승인

Green Level – Season 1 _ Unit 4

UNIT 4 오늘의 쪽지 시험

학습 효과를 확인해봐~!

1. 단어의 의미를 써보자.

단어	의미	단어	의미
1 enter		11 excel	
2 arrive		12 marry	
3 bag		13 use	
4 store		14 differ	
5 try		15 survive	
6 depend			
7 pack			
8 pass			
9 deny			
10 appear			

2. 접미사 붙여 한 번 더~

단어	의미	단어	의미
1 renewal		11 approval	
2 trial		12 excellence	
3 appearance		13 marriage	
4 baggage		14 denial	
5 arrival		15 usage	
6 storage		16 revival	
7 survival		17 passage	
8 dependence		18 difference	
9 importance		19 entrance	
10 package			

3. 빈 칸에 알맞은 단어를 넣자.

1. Someone _____ed the room behind me.
   내 뒤를 따라 누군가가 방으로 들어왔다.

2. We _____ from each other in many ways.
   우린 여러 면에서 서로 다릅니다.

3. Why didn't you _____ it? Because it's true?
   왜 부인하지 않았지? 그게 사실이라서 그랬을까?

4. You _____ to me so tender.
   내 눈에는 그대가 너무나 상냥해 보여요.

5. What time did you _____ at the airport?
   공항에 몇 시에 도착했습니까?

6. The last person to _____ is the winner.
   맨 마지막까지 살아남는 사람이 승자입니다.

7. What I lost was my _____ .
   잃은 게 있다면 그건 제 외모예요.

8. My parents place great _____ on me.
   우리 부모님은 나를 많이 의존하신다.

9. Enter the south _____ of the building.
   빌딩 남측 입구로 들어오십시오.

10. The man is putting things in _____ .
    남자는 물건을 창고에 넣고 있다.

11. Their _____ is second to none.
    그들의 우수함은 둘째가라면 서러울 정도다.

12. Please help me pack this _____ .
    짐 싸는 것을 도와주세요.

정답
[1] 1 들어가다 2 도착하다 3 가방 4 가게, 창고, 저장하다 5 노력하다, 시도하다 6 의존하다 7 짐 싸다, 포장하다 8 지나가다 9 거부하다 10 나타나다, ~로 보이다 11 능가하다, 뛰어나다 12 결혼하다 13 사용하다 14 다르다 15 생존하다, 살아남다
[2] 1 갱신(다시 새롭게하다) 2 시도, 재판 3 나타남, 용모 4 짐 5 도착 6 저장(고) 7 생존 8 의존 9 중요성 10 포장, 패키지 상품 11 승인, 인정 12 뛰어남 13 결혼 14 거부 15 사용법, 용법 16 회복, 재생 17 통로 18 차이 19 입구
[3] 1 enter 2 differ 3 deny 4 appear 5 arrive 6 survive 7 appearance 8 dependence 9 entrance 10 storage 11 excellence 12 baggage

Green Level – Season 1 _ Unit 4

UNIT 3-4 총정리

상태, 동작, 행위의 명사를 만드는 접미사 테스트

Step 1. 아래에 있는 접미사를 이용하여 단어를 명사로 바꾸고 의미를 써보자.

-(t;s)ion, -ment, -ness, -age, -ence, -al

	단어	의미			단어	의미
1	renew			6	agree	
2	bag			7	decide	
3	marry			8	aware	
4	differ			9	will	
5	create			10	revive	

Step 2. 다음 단어의 품사와 의미를 써보자.

	품사	의미			품사	의미
1 approval				6 illness		
2 storage				7 education		
3 select				8 invitation		
4 discuss				9 excellence		
5 govern				10 treatment		

Step 3. 다음 의미에 맞는 단어를 써보자.

1 관리	_____	6 선택	_____
2 모방	_____	7 알아차리는	_____
3 사업	_____	8 어두운	_____
4 결혼	_____	9 정부	_____
5 외모	_____	10 피곤함	_____

Step 4. 밑줄 친 단어가 잘못 쓰인 문장을 골라보자.

1 The most important thing is the child's <u>happiness</u>.

2 people must reduce their <u>dependence</u> on fossil fuels, such as oil, coal, and gas.

3 The North wrote back expressing its <u>willingness</u> to hold talks.

4 As viewers, we have been accustomed to <u>deny</u> from celebrities.

정답

[1] 1 renewal 갱신 2 baggage 짐 3 marriage 결혼 4 difference 차이 5 creation 창조 6 agreement 동의, 합의 7 decision 결심, 결정 8 awareness 깨달음 9 willingness 기꺼이 함 10 revival 회복, 재생
[2] 1 명사/승인 2 명사/저장(고) 3 동사/선택하다 4 동사/토론하다 5 동사/다스리다 6 명사/아픔, 병 7 명사/교육 8 명사/초대 9 명사/뛰어남 10 명사/대우, 치료
[3] 1 management 2 imitation 3 business 4 marriage 5 appearance 6 selection 7 aware 8 dark 9 government 10 tiredness
[4] 4번 denial로 고침(to는 전치사이므로 명사 자리임)

UNIT 5

엄청나게 쉬운 **명사** 또는 **동사** + | -ry, -ure, -ing | = 성질, 상태, 추상명사

우리가 너무너무 잘 알고 있는 쉬운 단어에
'-ry, -ure, -ing' 이라는 접미사를 붙여 보자.
명사에서 명사로 변하는 경우는 원래 구체적이었던 명사 의미가
추상적 의미의 명사로 변하고 동사가 명사로 변할 때는
성질이나 상태를 나타내는 명사로 변하지.
문장의 주어, 목적어, 보어, 전치사 뒤에 사용되는
상태, 성질, 추상명사가 만들어지는 원리를 터득해 보자.

UNIT 5.1 Essential Words — 쉬운 단어지만 필수니까!

필수 단어	의미
machine	
scene	
slave	
brave	
fail	
mix	
depart	
create	
build	
feel	
read	
draw	

UNIT 5.2 Adding Noun Suffixes
이제 접미사를 붙여보자

유튜브 무료 강의 동영상 : 이단아VOCA
Green Level : Season 1 : Unit 5.2

필수 단어	명사형 접미사	완성 단어	새로운 의미
machine	ry		
scene	ry		
slave	ry		
brave	ry		
fail	ure		
mix	ure		
depart	ure		
create	ure		
build	ing		
feel	ing		
read	ing		
draw	ing		

다음 페이지로 넘어가자~ ➡ ➡ ➡ ➡

UNIT 5.2 쉬운 패턴인데 조금 더 알아볼까

Additional Study

유튜브 무료 강의 동영상 : 이단아VOCA
Green Level : Season 1 : Unit 5.2

필수 단어	명사형 접미사	완성 단어	새로운 의미
create	ure		
create	ion		
depart	ure		
depart	ment		

단어의 변형과 의미를 다시 한 번 정리!
의미가 달라지는 단어도 있으니 잘 기억해!

machine	기계	machinery	기계류
scene	장면	scenery	풍경
slave	노예	slavery	노예제도
brave	용감한	bravery	용기
fail	실패하다	failure	실패
mix	섞다	mixture	혼합물
depart	떠나다, 출발하다	departure	출발
create	창조하다	creature	생명체
build	건물을 짓다	building	빌딩, 건물
feel	느끼다	feeling	느낌, 감정
read	읽다	reading	읽기, 독해
draw	그리다	drawing	그리기, 회화
create	창조하다	creation	창조
depart	분리, 분류하다	department	부서

UNIT 5 오늘의 쪽지 시험
학습 효과를 확인해봐~!

1. 단어의 의미를 써보자.

단어	의미		단어	의미
1 draw			11 build	
2 brave			12 mix	
3 create				
4 depart				
5 brave				
6 read				
7 scene				
8 fail				
9 feel				
10 slave				

2. 접미사 붙여 한 번 더~

단어	의미		단어	의미
1 building			11 bravery	
2 department			12 reading	
3 slavery			13 machinery	
4 creation			14 creature	
5 mixture				
6 drawing				
7 scenery				
8 failure				
9 departure				
10 feeling				

3. 빈 칸에 알맞은 단어를 넣자.

1. Would you _____ a map for me?
   지도를 그려 주시겠습니까?

2. The train for Busan will _____ from platform 3 at 4 p.m.
   부산행 기차는 오전 4시에 3번 플랫폼에서 출발할 것이다.

3. The king looked down on his _____ .
   왕은 자신의 노예를 내려다보았다.

4. The viewer cannot _____ television images.
   시청자는 텔레비전의 영상을 만들어낼 수 없다.

5. His _____ actions will become history.
   그의 용감한 행동은 역사에 남을 것이다.

6. She shut her eyes to the _____ .
   그녀는 그 장면을 안 보려 했다.

7. This _____ looks as firm as a rock.
   이 기계류는 매우 단단해 보여.

8. It has the most beautiful _____ .
   거긴 풍경이 가장 아름다운 곳이에요.

9. The man is adding oil to the _____ .
   남자가 그 복합물에 기름을 붓고 있다.

10. I wish to improve myself in _____ .
    나는 그리기가 좀 더 나아지면 좋겠다.

11. His _____ saved the little girl's life.
    그의 용감함이 어린 소녀의 생명을 구했다.

12. Which way is the art _____ ?
    미술 부서가 어느 쪽인가요?

정답
[1] 1 그리다 2 용감한 3 만들다, 창조하다 4 분리하다, 출발하다 5 용감한 6 읽다 7 장면 8 실패하다 9 느끼다 10 노예 11 만들다, 건축하다 12 서다
[2] 1 빌딩, 건물 2 부서, 분리 3 노예제도 4 창조 5 복합물 6 그리기, 회화 7 풍경 8 실패 9 출발 10 감정, 느낌 11 용기 12 읽기, 독해 13 기계류 14 생명체, 창조물
[3] 1 draw 2 depart 3 salve 4 create 5 brave 6 scene 7 machinery 8 scenery 9 mixture 10 drawing 11 bravery 12 department

UNIT 6

엄청나게 쉬운 **형용사** 또는 **명사** + | -en | = 동사

우리가 잘 알고 있는 쉬운 단어에 '-en' 이라는 접미사를 붙여 보자.
각 형용사나 명사의 의미에 주어진 행위를 실행하는 동사가 되지.
'-en'은 가장 흔히 사용하는 동사형 접미사이니 앞으로 끝에
'-en'이 붙은 단어는 동사인지 꼭 살펴보도록 해.
지금부터 문장의 서술어로 사용되는 동사가 만들어지는 원리를 터득해 보자.

UNIT 6.1 Essential Words — 쉬운 단어지만 필수니까!

필수 단어	의미
weak	
dark	
hard	
light	
bright	
fast	
soft	
short	
wide	
broad	
deep	
fright	
haste	

UNIT 6.2 이제 접미사를 붙여보자

Adding Verb Suffixes

유튜브 무료 강의 동영상 : 이단아VOCA
Green Level : Season 1 : Unit 6.2

필수 단어	동사형 접미사	완성 단어	새로운 의미
weak	en		
dark	en		
hard	en		
light	en		
bright	en		
fast	en		
soft	en		
short	en		
wide	en		
broad	en		
deep	en		
fright	en		
haste	en		

다음 페이지로 넘어가자~

UNIT 6.2 쉬운 패턴인데 조금 더 알아볼까

Additional Study

유튜브 무료 강의 동영상 : 이단아VOCA
Green Level : Season 1 : Unit 6.2

필수 단어	동사형 접미사	완성 단어	새로운 의미
length	en		
strength	en		
height	en		

단어의 변형과 의미를 다시 한 번 정리!
의미가 달라지는 단어도 있으니 잘 기억해!

weak	약한	weaken	약하게 하다
dark	어두운	darken	어둡게 하다
hard	단단한	harden	굳히다
light	가벼운, 밝은	lighten	가볍게 하다, 밝게 하다
bright	빛나는	brighten	빛나게 하다
fast	빠른, 고정된	fasten	잠그다, 고정시키다
soft	부드러운	soften	부드럽게 하다
short	짧은	shorten	짧게 하다
wide	넓은	widen	넓히다
broad	광대한	broaden	넓히다
deep	깊은	deepen	깊게 하다
fright	공포, 경악	frighten	무섭게 하다
haste	서두름	hasten	서두르다
length	길이	lengthen	길게 하다
strength	힘, 기운	strengthen	강화하다
height	키, 높이	heighten	높게 하다

UNIT 6 오늘의 쪽지 시험
학습 효과를 확인해봐~!

1. 단어의 의미를 써보자.

단어	의미		단어	의미
1 fast			11 broad	
2 dark			12 weak	
3 deep			13 short	
4 fright				
5 haste				
6 hard				
7 soft				
8 bright				
9 wide				
10 light				

2. 접미사 붙여 한 번 더~

단어	의미		단어	의미
1 lengthen			11 broaden	
2 shorten			12 widen	
3 hasten			13 lighten	
4 harden			14 soften	
5 frighten			15 heighten	
6 brighten			16 weaken	
7 strengthen				
8 fasten				
9 deepen				
10 darken				

3. 빈 칸에 알맞은 단어를 넣자.

1 That horse is very _____ .
   저 말은 매우 빠르다.

2 What time does it get _____ in summer?
   여름엔 몇 시에 어두워지기 시작하나요?

3 This well is _____ .
   이 우물은 깊다.

4 She was shaking with _____ .
   그녀는 두려움에 떨고 있었다.

5 Her eyes were _____ with tears.
   그녀의 두 눈이 눈물로 반짝거렸다.

6 His legs felt _____ .
   그는 다리에 힘이 없었다.

7 The paint takes a few hours to _____ .
   그 페인트는 굳는데 몇 시간 걸린다.

8 The sky began to _____ in the east.
   동녘 하늘이 밝아오기 시작했다.

9 The wind had _____ed overnight.
   바람이 밤새 더 강력해져 있었다.

10 Her smile _____ed.
   그녀의 (얼굴 위로) 미소가 널리 퍼졌다.

11 I need to _____ this skirt.
   나는 이 치마의 길이를 늘이고 싶어요.

12 That seatbelt wouldn't _____ .
   그 안전벨트가 잠기지 않는다.

정답

[1] 1 빠른 2 어두운 3 깊은 4 공포 5 서두름 6 딱딱한, 고된 7 부드러운 8 밝은 9 넓은(폭) 10 불빛, 가벼운 11 넓은(공간) 12 (허)약한 13 짧은, 부족한
[2] 1 길게하다, 늘이다 2 짧게하다, 줄이다 3 서두르다 4 굳게 하다 5 겁주다 6 밝게 하다 7 강화하다 8 잠그다, 채우다 9 깊게 하다 10 어둡게 하다 11 넓히다 12 넓히다 13 밝히다, 가볍게 하다 14 부드럽게 하다 15 고조되(시키)다 16 약화시키다
[3] 1 fast 2 dark 3 deep 4 fright 5 bright 6 weak 7 harden 8 lighten 9 strengthen 10 broaden 11 lengthen 12 fasten

Green Level – Season 1 _ Unit 6

UNIT 5-6 총정리

명사나 동사를 만드는 접미사 테스트

- **Step 1.** 아래에 있는 접미사를 이용하여 단어를 명사 또는 동사로 바꾸고 의미를 써보자.

  -ry, -ure, -ing, -tion, -en

	단어	의미		단어	의미
1	scene		6	hard	
2	fail		7	draw	
3	build		8	create	
4	wide		9	mix	
5	depart		10	weak	

- **Step 2.** 다음 단어의 품사와 의미를 써보자.

	품사	의미		품사	의미
1 departure			6 bright		
2 machine			7 fasten		
3 scenery			8 bravery		
4 broaden			9 creation		
5 fright			10 dark		

Step 3. 다음 의미에 맞는 단어를 써보자.

1. 생명체 _____   6. 넓히다 _____
2. 부서 _____   7. 가벼운 _____
3. 느낌, 감정 _____   8. 읽기, 독해 _____
4. 혼합물 _____   9. 그리다 _____
5. 깊게하다 _____   10. 서두르다 _____

Step 4. 밑줄 친 단어가 잘못 쓰인 문장을 골라보자.

1. And instantly it is <u>harden</u>ed by a fan at the tip of the pen.
2. Do you know the statue of David or The <u>Creation</u> of Adam?
3. It is also 10 million times <u>brighten</u> than the Sun.
4. Congress <u>hasten</u>s to hold hearings.

정답

[1] 1 scenery 장면 2 failure 실패 3 building 건물 4 widen 넓히다 5 departure 출발 6 harden 굳게 하다 7 drawing 그림, 회화 8 creature 생명체 9 mixture 복합물 10 weaken 약화시키다
[2] 1 명사/출발 2 명사/기계 3 명사/장면 4 동사/넓히다 5 명사/공포 6 형용사/밝은 7 동사/잠그다, 채우다 8 명사/용기 9 명사/창조 10 형용사/어두운
[3] 1 creature 2 department 3 feeling 4 mixture 5 deepen 6 widen;broaden 7 light 8 reading 9 draw 10 hasten
[4] 3번 brighter로 고쳐야 함(비교급임)

UNIT 7

엄청나게 쉬운 **형용사** 또는 **명사** + |-ize| = 동사

우리가 잘 알고 있는 쉬운 단어에 '-ize' 이라는 접미사를 붙여 보자.
각 형용사나 명사의 의미에 주어진 행위를 실행하는 동사가 되지.
'-ize'는 앞 서 배운 '-en'과 함께 가장 흔히 사용하는 동사형 접미사이니
끝에 '-ize'가 붙은 단어는 동사인지 꼭 살펴보도록 해.
지금부터 문장의 서술어로 사용되는
동사가 만들어지는 원리를 터득해 보자.

UNIT 7.1 Essential Words
쉬운 단어지만 필수니까!

필수 단어	의미
real	
visual	
general	
modern	
personal	
special	
stable	
memory	
harmony	
symbol	
organ	
apology	

UNIT 7.2 Adding Verb Suffixes
이제 접미사를 붙여보자

Green Level : Season 1 : Unit 7.2

필수 단어	동사형 접미사	완성 단어	새로운 의미
real	ize		
visual	ize		
general	ize		
modern	ize		
personal	ize		
special	ize		
stable	ize		
memory	ize		
harmony	ize		
symbol	ize		
organ	ize		
apology	ize		

다음 페이지로 넘어가자~

UNIT 7.2 Additional Study
쉬운 패턴인데 조금 더 알아볼까

유튜브 무료 강의 동영상 : 이단아VOCA
Green Level : Season 1 : Unit 7.2

필수 단어	명사형 접미사	완성 단어	새로운 의미
realize	tion		
visualize	tion		
generalize	tion		
modernize	tion		
personalize	tion		
specialize	tion		
stabilize	tion		
memorize	tion		
harmonize	tion		
symbolize	tion		
organize	tion		

단어의 변형과 의미를 다시 한 번 정리!
의미가 달라지는 단어도 있으니 잘 기억해!

real	실제의	realize	실현하다, 깨닫다
visual	시각의	visualize	시각화 하다
general	일반적인	generalize	일반화 하다
modern	현대의	modernize	현대화 하다
personal	개인적인	personalize	개인화 하다
special	특별한	specialize	전공하다
stable	안정된	stabilize	안정시키다
memory	기억	memorize	암기하다
harmony	조화	harmonize	어울리다
symbol	상징	symbolize	상징화 하다
organ	기관	organize	조직하다
apology	사과	apologize	사과하다
		realization	실현, 깨달음
		visualization	시각화
		generalization	일반화
		modernization	현대화
		personalization	개인화
		specialization	전문화
		stabilization	안정화
		memorization	암기, 기억
		harmonization	일치, 화합
		symbolization	상징화
		organization	조직화, 조직, 단체

UNIT 7 오늘의 쪽지 시험
학습 효과를 확인해봐~!

1. 단어의 의미를 써보자.

단어	의미	단어	의미
1 modern		11 general	
2 special		12 memory	
3 apology			
4 visual			
5 harmony			
6 symbol			
7 stable			
8 personal			
9 real			
10 organ			

2. 접미사 붙여 한 번 더~

단어	의미	단어	의미
1 stabilize		11 realize	
2 generalize		12 modernize	
3 visualization		13 specialization	
4 harmonize		14 realization	
5 visualize		15 stabilization	
6 personalization		16 symbolize	
7 memorization		17 organization	
8 organize		18 modernization	
9 specialize		19 memorize	
10 generalization		20 apologize	

3. 빈 칸에 알맞은 단어를 넣자.

1. The patient's condition is _____ .
   환자의 상태가 안정적이다.

2. We received a letter of _____ .
   우리는 사과 편지를 받았다.

3. She's a very _____ friend.
   그녀는 아주 특별한 친구다.

4. People have short _____ .
   사람들은 짧은 기억을 한다.

5. Are those _____ flowers?
   저 꽃들은 진짜 꽃이니?

6. This is just a _____ opinion.
   이것은 단지 개인적인 생각일 뿐이다.

7. He _____s in space engineering.
   그는 우주공학을 전공한다.

8. Jessica Morgan _____d the Gwangju Biennale.
   Jessica Morgan은 광주 비엔날레를 조직했다.

9. Go and _____ to her.
   가서 그녀에게 사과해라.

10. The new building does not _____ with its surroundings.
    새 빌딩은 주변 환경과 어울리지 않는다.

11. Try to avoid _____ .
    일반화는 피하도록 해라.

12. Doctors _____d the patient's condition.
    의사들이 환자의 상태를 안정시켰다.

정 답

[1] 1 현대의 2 특별한 3 사과 4 시각적인 5 조화 6 상징 7 안정된 8 개인적인 9 실제의, 사실의 10 기관(신체 등의) 11 일반적인, 장군 12 기억
[2] 1 안정시키다 2 일반화하다 3 시각화 4 조화시키다 5 시각화하다 6 사유화 7 기억, 암기 8 조직화하다 9 특화하다, 전공하다 10 일반화 11 깨닫다, 실현하다 12 현대화하다 13 특수화, 전문화 14 깨달음, 실현 15 안정화 16 상징화하다 17 조직, 단체 18 현대화 19 암기하다 20 사과하다
[3] 1 stable 2 apology 3 special 4 memory 5 real 6 personal 7 specialize 8 organize 9 apologize 10 harmonize 11 generalization 12 stabilize

UNIT 8

각종 **어근** 또는 **형용사, 명사** + |-ate| = **동사**

처음으로 어근이 등장하는데 긴장하지 말고 동영상을 보며 차근차근 이해하는 것이 우선.
Unit 8 에서는 '-ate'라는 접미사가 어근이나 단어에 붙어 동사가 생성되는 원리를 살펴보자.
'-ate'로 끝나는 단어는 형용사나 명사로 사용되기도 하지만 우선은 지금 제시하는 녀석들부터 익혀보자.
자, 동영상 뚫어져라 봐야돼. 너무 긴장하진 말고. 재밌는 설명들이 나올 거야.

UNIT 8.1 쉬운 단어지만 필수니까!

Essential Words & Roots

유튜브 무료 강의 동영상 : 이단아VOCA
Green Level : Season 1 : Unit 8.1

필수 단어 및 어근	의미
loc- = place	
migr- = move	
immigr- = in+move	
emigr- = out+move	
assoc- = toward+gather	
concentr- = together+center	
apprec- = toward+price	
communic- = together+exchange	
fascin- = fasten	
indic- = in+speak	
compens- = together+weigh	
active	
motive	

UNIT 8.2 Adding Verb Suffixes
이제 접미사를 붙여보자

Green Level : Season 1 : Unit 8.2

필수 단어 및 어근	동사형 접미사	완성 단어	새로운 의미
loc-	ate		
migr-	ate		
immigr-	ate		
emigr-	ate		
assoc-	ate		
concentr-	ate		
apprec-	ate		
communic-	ate		
fascin-	ate		
indic-	ate		
compens-	ate		
active	ate		
motive	ate		

UNIT 8.2 Additional Study
쉽지 않지만 조금 더 알아볼까

필수 단어 및 어근	명사형 접미사	완성 단어	새로운 의미
loc-	ation		
migr-	ation		
immigr-	ation		
emigr-	ation		
assoc-	ation		
concentr-	ation		
apprec-	ation		
communic-	ation		
fascin-	ation		
indic-	ation		
compens-	ation		
active	ation		
motive	ation		

단어의 변형과 의미를 다시 한 번 정리!

의미가 달라지는 단어도 있으니 잘 기억해!

loc- = place	위치시키다	locate	위치시키다
migr- = move	이동하다	migrate	이주하다
immigr- = in+move	안으로+이동하다	immigrate	이민 오다
emigr- = out+move	밖으로+이동하다	emigrate	이민 가다
assoc- = toward+gather	향해서+모으다	associate	연관 짓다
concentr- = together+center	함께+중앙의	concentrate	집중하다, 모으다
apprec- = toward+price	향해서+가치	appreciate	평가하다, 감사하다
communic- = together+exchange	함께+교환하다	communicate	의사소통 하다
fascin- = fasten	잠그다, 매다	fascinate	매료 시키다
indic- = in+speak	안으로+말하다	indicate	가리키다, 지시하다
compens- = together+weigh	함께+무게를 재다	compensate	보상, 상쇄하다
active	능동적인, 활동적인	activate	활성화하다
motive	동기	motivate	동기화하다
		location	장소
		migration	이주, 이민
		immigration	이민(들어옴)
		emigration	이민(나감)
		association	연합, 연관, 단체
		concentration	집중
		appreciation	평가, 감사
		communication	의사소통
		fascination	매혹, 매료
		indication	지시
		compensation	보상, 상쇄
		activation	활성화
		motivation	동기화

UNIT 8 오늘의 쪽지 시험

학습 효과를 확인해봐~!

1. 단어의 의미를 써보자.

	단어	의미
1	communic- =together+exchange	
2	fascin-=fasten	
3	emigr- =out+move	
4	compens- =together+weigh	
5	assoc- =toward+gather	
6	motive	
7	loc-=place	

	단어	의미
8	indic- =in+speak	
9	immigr- = in+move	
10	concentr- =together+center	
11	apprec- =toward+price	
12	migr-=move	
13	active	

2. 접미사 붙여 한 번 더~

	단어	의미
1	activation	
2	locate	
3	emigration	
4	immigration	
5	migration	
6	indication	
7	motivation	
8	fascinate	
9	activate	

	단어	의미
10	appreciation	
11	communicate	
12	association	
13	indicate	
14	compensate	
15	immigrate	
16	motivate	
17	emigrate	
18	concentrate	

3. 빈 칸에 알맞은 단어를 넣자.

1   I'm suspicious of his _____s.
    나는 그의 동기가 의심스럽다.

2   Some animals that are _____ only at night
    몇몇 동물들은 밤에만 활동적이다.

3   She is _____ officer.
    그녀는 이민국 직원이다.

4   They _____d their headquarters in Seoul.
    그들은 서울에 본사를 두었다.

5   He become chairman of residents' _____ .
    그는 주민연합의 회장이 되었다.

6   I can't _____ with all that noise going on.
    나는 소음이 계속 되서 집중할 수가 없다.

7   The burglar alarm is _____d by movement.
    도난경보기는 움직임이 감지되면 작동한다.

8   The crowd yelled in _____ .
    군중들이 감사하며 외쳤다.

정답

[1] 1 함께+교환하다(의미 등을) 2 붙잡다, 잠그다 3 바깥으로+가다 4 같도록+무게를 재다 5 향하는+모으다 6 동기, 모티브 7 위치시키다 8 안에+말하다 9 안으로+가다 10 함께+가운데로 11 향하는+가치 12 이동하다 13 능동적인, 활동적인

[2] 1 활성화 2 위치시키다 3 이민(가다) 4 이민(오다) 5 이주 6 가리킴, 지시 7 동기화 8 매혹하다 9 활성화하다 10 평가, 감사 11 의사소통하다 12 연합, 단체 13 지시하다 14 보상, 상쇄하다 15 이민 오다 16 동기화하다 17 이민 가다 18 집중하다, 모으다

[3] 1 motive 2 active 3 immigration 4 locate 5 association 6 concentrate 7 activate 8 appreciation

Green Level – Season 1 _ Unit 8

UNIT 7-8 총정리

동사가 만들어지는 원리를 이해하는 테스트

— **Step 1.** 아래에 있는 접미사를 이용하여 단어를 명사 또는 동사로 바꾸고 의미를 써보자.

-ate, -ize, -(a)tion

	단어	의미		단어	의미
1 memory			6 apprec-		
2 personalize			7 organ		
3 associ-			8 stable		
4 active			9 realize		
5 visual			10 motive		

— **Step 2.** 다음 단어의 품사와 의미를 써보자.

	품사	의미		품사	의미
1 generalize			6 organization		
2 specialize			7 activate		
3 apology			8 emigration		
4 realization			9 association		
5 indication			10 compensate		

Step 3. 다음 의미에 맞는 단어를 써보자.

1 이주, 이민	_____	6 암기, 기억	_____
2 동기화하다	_____	7 일반화	_____
3 연관 짓다	_____	8 조화	_____
4 의사소통	_____	9 전공하다	_____
5 보상, 상쇄	_____	10 시각적인	_____

Step 4. 밑줄 친 단어가 잘못 쓰인 문장을 골라보자.

1 Today, it is a unique place in the middle of <u>modern</u>-day Seoul.

2 Computer science is too <u>specialize</u> to become a mandatory class.

3 Because this is the <u>indication</u> that the planet went into the star.

4 It is <u>located</u> at the eastern end of the Himalayas.

정답

[1] 1 memorize 암기하다 2 personalization 사유화 3 associate 연관짓다, association 연합, 단체 4 activate 활성화하다 5 visualize 시각화하다 6 appreciate 평가, 감사하다 7 organize 조직하다 8 stabilize 안정시키다 9 realization 실현, 깨달음 10 motivate 동기화하다, motivation 동기화

[2] 1 동사/일반화하다 2 동사/특화, 전공하다 3 명사/사과 4 명사/실현, 깨달음 5 명사/지시, 가리킴 6 명사/조직(화) 7 동사/활성화하다 8 명사/이민(나감) 9 명사/연합, 단체 10/동사 보상, 상쇄하다

[3] 1 migration 2 motivate(비교급임)

UNIT 9

각종 **어근**과 **형용사** 또는 **명사** + | -fy, -e, -ish | = **동사**

Unit 9에서는 '-fy, -e, -ish'라는 접미사가 어근이나 단어에 붙어 동사가 생성되는 원리를 살펴 보게 돼. 특히 '-fy'로 끝나는 동사는 명사로 바뀔 때 '-fication'으로 철자가 많이 늘어 나지만 생성원리를 잘 익히면 단어가 길다고 긴장할 필요 없다는 것을 기억해 두길 바래. 자, 재밌는 밥샘 동영상 다시 볼까?

Green Level – Season 1 _ Unit 9

UNIT 9.1 Essential Words & Roots
쉬운 단어지만 필수니까!

유튜브 무료 강의 동영상 : 이단아VOCA
Green Level : Season 1 : Unit 9.1

필수 단어 및 어근	의미
simple	
pure	
just	
class	
sign	
mode	
horri- = fear	
identi- = the same	
fin- = end	
furn- = provide	
distingu- = apart+stick	
public	
bath	
breath	
cloth	

UNIT 9.2 Adding Verb Suffixes
이제 접미사를 붙여보자

필수 단어 및 어근	동사형 접미사	완성 단어	새로운 의미
simple	fy		
pure	fy		
just	fy		
class	fy		
sign	fy		
mode	fy		
horri-	fy		
identi-	fy		
bath	e		
breath	e		
cloth	e		
fin-	ish		
furn-	ish		
distingu-	ish		
public	ish		

다음 페이지로 넘어가자~ ⇨ ⇨ ⇨ ⇨

UNIT 9.2 Additional Study — 쉽지 않지만 조금 더 알아볼까

유튜브 무료 강의 동영상 : 이단아VOCA
Green Level : Season 1 : Unit 9.2

필수 단어 및 어근	명사형 접미사	완성 단어	새로운 의미
simplify	cation		
purify	cation		
justify	cation		
classify	cation		
signify	cation		
modify	cation		
horrify	cation		
identify	cation		

단어의 변형과 의미를 다시 한 번 정리!

의미가 달라지는 단어도 있으니 잘 기억해!

simple	단순한	simplify	단순화 하다
pure	순수한	purify	정화하다
just	정당한, 지금 막	justify	정당화 하다
class	학급, 반	classify	분류하다
sign	표시, 의미	signify	의미하다, 나타내다
mode	방식, 방법	modify	수정하다
horri- = fear	공포	horrify	무섭게 하다
identi- = the same	똑같은	identify	규명하다, 정체를 밝히다
fin- = end	끝	finish	마치다
furn- = provide	제공하다	furnish	제공, 공급하다
distingu- = apart+sting	떨어뜨려+붙이다	distinguish	구별하다
public	대중	publish	출판하다
bath	목욕	bathe	목욕하다
breath	호흡, 숨	breathe	호흡하다
cloth	옷	clothe	옷을 입히다
		simplification	단순화
		purification	정화
		justification	정당화
		classification	분류
		signification	의미, 나타냄
		modification	수정, 변경
		horrification	전율
		identification	신분 증명

UNIT 9 오늘의 쪽지 시험
학습 효과를 확인해봐~!

1. 단어의 의미를 써보자.

단어	의미		단어	의미
1 class			11 simple	
2 breath			12 bath	
3 identi-=the same			13 distingu-=apart+stick	
4 public			14 mode	
5 cloth			15 horri-=fear	
6 sign				
7 furn-=provide				
8 just				
9 pure				
10 fin-=end				

2. 접미사 붙여 한 번 더~

단어	의미		단어	의미
1 justify			11 modification	
2 furnish			12 horrification	
3 publish			13 purify	
4 finish			14 breathe	
5 simplification			15 modify	
6 identification			16 clothe	
7 signify			17 distinguish	
8 purification			18 horrify	
9 bathe			19 simplify	
10 identify			20 classification	

3. 빈 칸에 알맞은 단어를 넣자.

1. I have a _____ solution
   나에게 간단한 해결책이 있어.

2. Wipe the surface with a damp _____ .
   표면을 젖은 천으로 닦으세요.

3. The old man was very short of _____ .
   노인이 몹시 숨을 가쁘게 쉬었다.

4. The government had to _____ to public pressure.
   정부는 대중의 압력에 굴복해야 했다.

5. Switch the camera into the automatic _____ .
   카메라를 자동모드로 맞춰주세요.

6. These shirts are 100% _____ cotton.
   이 셔츠들은 100% 순수한 면이다.

7. The first edition was _____ed in 2012.
   초판은 2012년에 출판되었다.

8. She was able to _____ her attacker.
   그녀는 그녀를 공격한 사람을 알아볼 수 있었다.

9. It was hard to _____ one twin from the other.
   그 쌍둥이들은 한 명을 다른 한 명과 구분하기 어려웠다.

10. One pill will _____ a litre of water
    알약 하나로 1리터의 물을 정화할 수 있다.

11. He nodded to _____ that he agreed.
    그는 동의한다는 것을 나타내기 위해 끄덕였다.

12. The room was _____ed with antiques.
    그 방에는 오래된 가구들이 비치되어 있었다.

정답

[1] 1 학급, 계급 2 숨, 호흡 3 같은 4 대중의 5 옷(감) 6 표시 7 준비하다 8 지금 막, 단지 9 순수한 10 마치다, 결정짓다 11 단순한 12 목욕 13 떨어뜨려+붙이다 14 방식, 방법 15 공포
[2] 1 정당화하다 2 제공, 공급하다 3 출판하다 4 마치다 5 단순화 6 신분 증명 7 나타내다 8 정화(깨끗하게 함) 9 목욕하다 10 신분(증명하다) 11 수정, 알맞게 바꿈 12 전율 13 정화하다 14 숨 쉬다 15 수정하다 16 옷 17 구별하다 18 무섭게 하다 19 단순화 하다 20 분류
[3] 1 simple 2 cloth 3 breath 4 public 5 mode 6 pure 7 publish 8 identify 9 distinguish 10 purify 11 signify 12 furnish

Green Level - Season 1 _ Unit 9

UNIT **10**

엄청나게 쉬운 **명사, 동사** + | -y | = 형용사

어근 학습이 필요한 **동사** + | -(a)tive, -ive | = 형용사

엄청나게 쉬운 명사, 동사에 '-y' 접미사를 붙였을 때
그 명사나 동사의 상태를 나타내주는 형용사가 되는 경우를 처음으로 살펴 보려해.
단어 자체는 쉽지만 생성 원리를 익히는 것이 더 중요한 과제라는 것 잊지마.
Unit 8~9 에서는 어근들을 공부했다면 Unit 10 에서는
그러한 어근들로 완성된 동사들에 접미사 '(a)tive, -ive'를 붙여 형용사를 만들어 보자.
동사들의 어근 관련 생성 원리를 잘 듣고 형용사가 되었을 때의 의미도 잘 새겨야겠지.

Green Level – Season 1 _ Unit 10

UNIT 10.1 Essential Words
쉬운 단어지만 필수니까!

Green Level : Season 1 : Unit 10.1

필수 단어	의미
rain	
sun	
cloud	
wind	
fog	
luck	
health	
anger	
hunger	
greed	
run	
sleep	
stick	
act	
pass	
talk	
create	
attract	
effect	
destruct	
expense	
impress	
express	
sense	

UNIT 10.2 Adding Adjective Suffixes 이제 접미사를 붙여보자

유튜브 무료 강의 동영상 : 이단아VOCA
Green Level : Season 1 : Unit 10.2

필수 단어	형용사형 접미사	완성 단어	새로운 의미
rain	y		
sun	y		
cloud	y		
wind	y		
fog	y		
luck	y		
health	y		
anger	y		
hunger	y		
greed	y		
run	y		
sleep	y		
stick	y		
act	ive		
pass	ive		
talk	(a)tive		
create	ive		
attract	ive		
effect	ive		
destruct	ive		
expense	ive		
impress	ive		
express	ive		
sense	tive		

다음 페이지로 넘어가자~ ⇨ ⇨ ⇨ ⇨

Green Level – Season 1 _ Unit 10

UNIT 10.2 Additional Study — 쉽지 않지만 조금 더 알아볼까

유튜브 무료 강의 동영상 : 이단아VOCA
Green Level : Season 1 : Unit 10.2

필수 단어	명사형 접미사	완성 단어	새로운 의미
act	ion		
pass	ion		
creat	ion		
attract	ion		
effect	ion		
destruct	ion		
expense	ion		
impress	ion		
express	ion		

단어의 변형과 의미를 다시 한 번 정리!
의미가 달라지는 단어도 있으니 잘 기억해!

rain	비	rainy	비 오는		
sun	태양	sunny	햇빛 나는		
cloud	구름	cloudy	구름 낀		
wind	바람	windy	바람 부는		
fog	안개	foggy	안개 낀		
luck	행운	lucky	행운의		
health	건강	healthy	건강한		
anger	분노	angry	화난		
hunger	배고픔	hungry	배고픈		
greed	탐욕	greedy	탐욕스런		
run	달리다	runny	흐르는		
sleep	자다	sleepy	졸리는		
stick	붙(이)다	sticky	끈적한		
act	행동하다	active	활동적인	action	행동
pass	지나가다	passive	수동적인	passion	열정
talk	말하다	talkative	수다스러운		
create	창조하다	creative	창조적인	creation	창조
attract	매혹하다	attractive	매혹적인	attraction	매혹, 관광명소
effect	효과	effective	효과적인	effection	통신전용용어
destruct	파괴하다	destructive	파괴적인	destruction	파괴
expense	비용	expensive	비싼		
impress	인상을 주다	impressive	인상적인	impression	인상
express	표현하다	expressive	표현적인	expression	표현
sense	감각	sensitive	민감한		

Green Level – Season 1 _ Unit 10

UNIT 10 오늘의 쪽지 시험

학습 효과를 확인해봐~!

1. 단어의 의미를 써보자.

단어	의미		단어	의미
1 stick			11 express	
2 talk			12 health	
3 create			13 greed	
4 run			14 expense	
5 fog			15 attract	
6 destruct			16 anger	
7 cloud			17 rain	
8 luck			18 impress	
9 act			19 effect	
10 wind			20 sense	

2. 접미사 붙여 한 번 더~

단어	의미		단어	의미
1 action			11 windy	
2 greedy			12 passion	
3 attractive			13 lucky	
4 talkative			14 effective	
5 destruction			15 passive	
6 healthy			16 runny	
7 creation			17 sticky	
8 foggy			18 sensitive	
9 expressive			19 angry	
10 impression				

3. 빈 칸에 알맞은 단어를 넣자.

1. The nurse _____s a bandaid on my arm.
   간호사가 내 팔에 밴드를 붙인다.

2. The _____ finally lifted.
   마침내 안개가 걷혔다.

3. Film director may _____ a bad movie for a great book.
   영화 감독은 좋은 책을 바탕으로 나쁜 영화를 만들 수도 있다.

4. He _____ed her with his sincerity.
   그는 성실함으로 그녀에게 인상을 주었다.

5. Smartphone have many bad _____s as well.
   스마트폰은 많은 나쁜 효과들도 있다.

6. Too much stress is not good for your _____ .
   과도한 스트레스는 당신의 건강에 해롭습니다.

7. Her behaviour made me _____ .
   그녀의 행동은 나를 화나게 만들었다.

8. The cello is an _____ instrument.
   첼로는 매력적인 악기다.

9. He played a _____ role in the relationship.
   그는 그 관계에서 수동적인 역할을 했다.

10. Eric was a _____ man.
    에릭은 욕심 많은 남자였다.

11. It's _____ and windy today.
    오늘은 구름 끼고 바람이 분다.

12. He is a _____ boy.
    그는 민감한 소년이다.

정 답

[1] 1 붙(이)다 2 말하다(대화) 3 만들다, 창조하다 4 뛰다 5 안개 6 파괴하다 7 구름 8 행운 9 행동하다 10 바람 11 표현하다 12 건강 13 탐욕 14 비용 15 매혹하다 16 분노 17 비 18 인상을 주다 19 효과 20 감각

[2] 1 행동 2 탐욕스러운 3 매력적인 4 수다스러운 5 파괴 6 건강한 7 창조 8 안개 낀 9 표현적인 10 인상 11 바람 부는 12 열정 13 행운인 14 효과적인 15 수동적인 16 달리는, 흐르는 17 끈적한 18 민감한 19 화난

[3] 1 stick 2 fog 3 create 4 impress 5 effect 6 health 7 angry 8 attractive 9 passive 10 greedy 11 cloudy 12 sensitive

Green Level – Season 1 _ Unit 10

UNIT 9-10 총정리
동사나 형용사를 만드는 접미사 테스트

- **Step 1.** 아래에 있는 접미사를 이용하여 단어를 명사 또는 형용사로 바꾸고 의미를 써보자.

  -fy, -e, -ish, -(fica)tion, -y, -ive

	단어	의미		단어	의미
1 class	_____	_____	6 health	_____	_____
2 signify	_____	_____	7 pass	_____	_____
3 sun	_____	_____	8 breath	_____	_____
4 modify	_____	_____	9 impress	_____	_____
5 public	_____	_____	10 destruct	_____	_____

- **Step 2.** 다음 단어의 품사와 의미를 써보자.

	품사	의미		품사	의미
1 purification	_____	_____	6 public	_____	_____
2 breath	_____	_____	7 greedy	_____	_____
3 justify	_____	_____	8 stick	_____	_____
4 mode	_____	_____	9 destructive	_____	_____
5 foggy	_____	_____	10 impression	_____	_____

■ **Step 3.** 다음 의미에 맞는 단어를 써보자.

1 분류하다	_____	6 배고픈	_____
2 매혹적인	_____	7 순수한	_____
3 무섭게 하다	_____	8 구별하다	_____
4 파괴	_____	9 분노	_____
5 수다스러운	_____	10 규명하다	_____

■ **Step 4.** 밑줄 친 단어가 잘못 쓰인 문장을 골라보자.

1 Maybe I wasn't as smart, but I was at least as talkative.

2 There may be some carbon in your breathe.

3 They are greedy eaters and eat for almost 12 hours a day.

4 Boseong is also one of the country's leading tourist attractions.

정답
[1] 1 classify 분류하다 2 signification 의미, 나타냄 3 sunny 화창한 4 modification 동기화 5 publish 출판하다 6 healthy 건강한 7 passive 수동적인 8 breathe 숨 쉬다 9 impressive 인상적인, impression 인상 10 destruction 파괴
[2] 1 명사/정화 2 명사/호흡, 숨 3 동사/정당화하다 4 명사/방식 5 형용사/안개 낀 6 형용사/대중의 7 형용사/탐욕스러운 8 동사, 명사/붙(이)다, 막대기 9 형용사/파괴적인 10 명사/인상
[3] 1 classify 2 attractive 3 horrify 4 destruction 5 talkative 6 hungry 7 pure 8 distinguish 9 anger 10 identify
[4] 2번 breath로 고침(소유격 your 뒤는 명사)

UNIT 11

각종 **어근** 또는 **명사** + | -al, -ate | = 형용사

어렵지 않은 어근과 명사에 '-al, -ate'가 접미사로 붙어 형용사가 되는 경우를 보려해.
'-al, -ate'는 명사와 동사를 만드는데도 사용하는 접미사들이지만
형용사가 되는 경우도 많으므로 주의해서 볼 필요가 있지.
자주 접했었지만 자세히 몰랐던 경우가 많을테니까
이번 기회에 잘 공부해 두면 많은 도움이 될 거야.
시작해 볼까?

Green Level - Season 1 _ Unit 11

UNIT 11.1 Essential Words & Roots
쉬운 단어지만 필수니까!

필수 단어 및 어근	의미
nature	
center	
classic	
magic	
origin	
logic	
nation	
addition	
industry	
tradition	
spirit	
habit	
soci- =gather	
ann- = 1 year	
passion	
fortune	
separ- =away+equal	

UNIT 11.2 Adding Adjective Suffixes
이제 접미사를 붙여보자

유튜브 무료 강의 동영상 : 이단아VOCA
Green Level : Season 1 : Unit 11.2

필수 단어 및 어근	형용사형 접미사	완성 단어	새로운 의미
nature	al		
center	al		
classic	al		
magic	al		
origin	al		
logic	al		
nation	al		
addition	al		
industry	al		
tradition	al		
spirit	al		
habit	al		
soci-	al		
ann-	al		
passion	ate		
fortune	ate		
separ-	ate		

다음 페이지로 넘어가자~ ⇨ ⇨ ⇨ ⇨

UNIT 11.2 쉽지 않지만 조금 더 알아볼까

Additional Study

유튜브 무료 강의 동영상 : 이단아VOCA
Green Level : Season 1 : Unit 11.2

필수 단어 및 어근	명사/동사형 접미사	완성 단어	새로운 의미
try	al		
deny	al		
refuse	al		
separ-	ate		
cre-	ate		
concentr-	ate		
loc-	ate		
active	ate		
assoc-	ate		

단어의 변형과 의미를 다시 한 번 정리!

의미가 달라지는 단어도 있으니 잘 기억해!

nature	자연	natural	자연의
center	중심	central	중심적인
classic	고전	classical	고전적인
magic	마술, 마법	magical	마술에 의한
origin	기원	original	본래의, 독창적인
logic	논리	logical	논리적인
nation	국가	national	국가의
addition	더하기	additional	부가적인
industry	산업	industrial	산업의
tradition	전통	traditional	전통적인
spirit	정신, 영혼	spiritual	정신적인
habit	습관	habitual	습관적인
soci- = gather	모임	social	사회적인
ann- = 1 year	1년	annual	1년의
passion	열정	passionate	열정적인
fortune	행운	fortunate	다행인
separ- = away+equal	멀리+동등한	separate	분리된, 분리되다
try	시도하다, 노력하다	trial	시도, 재판
deny	부인하다	denial	부인, 부정
refuse	거부하다, 거절하다	refusal	거부, 거절
cre- = bear, produce	만들다	create	창조하다
concentr- = togather+center	함께+중앙의	concentrate	집중하다
loc- = place	위치시키다	locate	위치시키다
active	능동적인, 활동적인	activate	활성화 하다
assoc- = toward+gather	향해서+모으다	associate	연관 짓다

UNIT 11 오늘의 쪽지 시험

학습 효과를 확인해봐~!

1. 단어의 의미를 써보자.

단어	의미		단어	의미
1 ann-=1year			11 center	
2 separ-=away+equal			12 fortune	
3 origin			13 spirit	
4 habit			14 addition	
5 nation			15 passion	
6 magic			16 tradition	
7 classic			17 soci-=gather	
8 logic				
9 industry				
10 nature				

2. 접미사 붙여 한 번 더~

단어	의미		단어	의미
1 associate			11 separate	
2 natural			12 magical	
3 create			13 concentrate	
4 fortunate			14 central	
5 national			15 passionate	
6 spiritual			16 industrial	
7 original			17 denial	
8 activate			18 classical	
9 locate			19 additional	
10 annual				

3. 빈 칸에 알맞은 단어를 넣자.

1. It is simple _____ .
   이것은 간단한 논리다.

2. Korea is divided _____ .
   한국은 분단국가이다.

3. She got a job in automobile _____ .
   그녀는 자동차 산업 분야에 취업했다.

4. E-Sports is a _____ with him.
   e스포츠는 그가 열중하는 취미다.

5. The _____ of the word remains obscure.
   그 단어의 기원은 분명하지 않다.

6. He has outstanding challenge _____ .
   그는 뛰어난 도전 정신을 가지고 있다.

7. Uzbekistan is a country in _____ Asia.
   우즈베키스탄은 중앙아시아에 있는 나라다.

8. The school is housed in two _____ buildings.
   그 학교는 분리되어 있는 두 건물을 사용한다.

9. The government provided an _____ 2500 million won
   정부는 추가로 2500억 원을 제공했다.

10. Cats have _____ agility.
    고양이들은 자연적인 민첩성을 갖고 있다.

11. We will be having our _____ event in the library.
    우리는 도서관에서 연례행사를 열 예정이다.

12. It's _____ that you didn't get hurt much.
    니가 많이 안다쳐서 다행이야.

정답

[1] 1 1년의 2 멀리+동등하게 3 근원, 기원 4 습관 5 국가 6 마술 7 고전 8 논리 9 산업 10 자연 11 중심 12 운, 재산 13 영혼 14 더하기, 부가 15 열정 16 전통 17 모두다

[2] 1 연관 짓다 2 자연적인, 당연한 3 만들다, 창조하다 4 다행스런 5 국가의 6 정신적인 7 본래의, 독창적인 8 활성화하다 9 위치시키다 10 1년의 11 분리하다 12 마술의 13 집중하다, 모두다 14 중앙의 15 열정적인 16 산업의 17 거절, 거절 18 고전적인 19 부가적인

[3] 1 logic 2 nation 3 industry 4 passion 5 origin 6 spirit 7 Central 8 separate 9 additional 10 natural 11 annual 12 fortunate

Green Level - Season 1 _ Unit 11

UNIT 12

명사, 동사 또는 어근 + |-able| = 형용사
'~할 수 있는' 뜻의

어렵지 않은 명사나 동사 또는 우리가 접하지만 잘 몰랐던 어근에 '-able' 이라는 접미사를 붙여보자. 원래 able의 뜻인 '~할 수 있는'이라는 능력을 나타내는 의미가 명사, 동사, 어근에 첨가 되어 형용사로 변하는 거지. 또한 철자의 변형이 '-ible'도 가능하다는 것도 알아두자. '-able, -ible'로 끝나는 모든 형용사는 명사로 변할 때 '-ability'로 끝나므로 단어를 두 세배는 한꺼번에 외우는 셈이 되지. 자주 등장하는 접미사니까 잘 배워 두는 게 좋을 거야.

UNIT 12.1 Essential Words & Roots
쉬운 단어지만 필수니까!

유튜브 무료 강의 동영상 : 이단아VOCA
Green Level : Season 1 : Unit 12.1

필수 단어 및 어근	의미
change	
understand	
rely	
suit	
respect	
accept	
respond	
port	
value	
comfort	
reason	
avail- =toward+worth	
cap- =head,take	
incred- =not+trust	
poss- =able	
vis- =see	
ter- =earth	

UNIT 12.2 Adding Adjective Suffixes
이제 접미사를 붙여보자

유튜브 무료 강의 동영상 : 이단아VOCA
Green Level : Season 1 : Unit 12.2

필수 단어 및 어근	형용사형 접미사	완성 단어	새로운 의미
change	able		
understand	able		
rely	able		
suit	able		
respect	able		
accept	able		
respond	able		
port	able		
value	able		
comfort	able		
reason	able		
avail-	able		
cap-	able		
incred-	ible		
poss-	ible		
vis-	ible		
ter-	ible		

다음 페이지로 넘어가자~ ⇨ ⇨ ⇨ ⇨

Green Level – Season 1 _ **Unit 12**

UNIT 12.2 쉬운 패턴인데 조금 더 알아볼까

Additional Study

유튜브 무료 강의 동영상 : 이단아VOCA
Green Level : Season 1 : Unit 12.2

필수 단어	명사형 접미사	완성 단어	새로운 의미
change	abilty		
understand	abilty		
rely	abilty		
suit	abilty		
respect	abilty		
accept	abilty		
respond	abilty		
port	abilty		
value	abilty		
comfort	abilty		
reason	abilty		
avail-	abilty		
cap-	abilty		
incred-	ibility		
poss-	ibility		
vis-	ibility		
ter-	ibility		

단어의 변형과 의미를 다시 한 번 정리!
의미가 달라지는 단어도 있으니 잘 기억해!

change	변화하다	changeable	가변성의	changeability	가변성
understand	이해하다	understandable	이해할 수 있는		
rely	의존하다	reliable	믿을 수 있는	reliability	믿을 수 있음
suit	꼭 맞다	suitable	적당한	suitability	적당, 적합
respect	존경하다	respectable	존경할만한	respectability	존경할만함
accept	받아들이다	acceptable	수용 가능한	acceptability	수락 가능, 허용성
respond	응답하다	responsible	책임지는	responsibility	책임(감)
port	항구	portable	휴대 가능한	portability	휴대 가능성
value	가치	valuable	가치 있는		
comfort	편안함	comfortable	편안한		
reason	이유, 이성	reasonable	합리적인, 이성적인	reasonability	합리성, 사리분별력
avail- =toward+worth	쓸모 있는	available	사용 가능한	availability	유효성, 효용성
cap- =head,take	머리, 취하다	capable	유능한	capability	역량, 능력
incred- =not+trust	~아니다+믿음	incredible	믿을 수 없는, 놀라운	incredibility	믿을 수 없음
poss- =able	가능	possible	가능한	possibility	가능성
vis- =see	보다	visible	볼 수 있는	visibility	가시성
ter- =earth	땅, 영역	terrible	끔찍한		

Green Level – Season 1 _ Unit 12

UNIT 12 오늘의 쪽지 시험
학습 효과를 확인해봐~!

1. 단어의 의미를 써보자.

단어	의미		단어	의미
1 respect			10 port	
2 accept			11 understand	
3 respond			12 vis-=see	
4 poss-=able			13 comfort	
5 incred-=not+trust			14 rely	
6 ter-=earth			15 reason	
7 avail-=toward+worth			16 change	
8 value				
9 suit				

2. 접미사 붙여 한 번 더~

단어	의미		단어	의미
1 acceptability			11 valuable	
2 capable			12 changeability	
3 reliable			13 incredible	
4 suitability			14 responsible	
5 acceptable			15 respectable	
6 terrible			16 visibility	
7 comfortable			17 reasonable	
8 availability			18 portable	
9 available			19 reliability	
10 responsibility			20 possibility	

3. 빈 칸에 알맞은 단어를 넣자.

1. Instead, they have to _____ more and more on force.
   그 대신 그들은 점점 더 무력에 의존해야 했다.

2. It just _____s him so well.
   그에게 정말 잘 어울린다.

3. If we do not _____ to the bullying, the bully will keep going.
   만약 우리가 괴롭힘에 반응하지 않는다면, 괴롭힘은 계속될 것입니다.

4. They always remind him of the true _____ of education.
   이 인용구들은 항상 그에게 교육의 진정한 가치를 상기시켜 준다.

5. A good plan would help them to retire in _____ and safety.
   훌륭한 계획을 세우면 은퇴생활을 편안하고 안전하게 보내는데 도움이 된다.

6. Although the school _____s very few children, it is free.
   비록 이 학교는 매우 적은 수의 학생들만 받지만, 수업료는 무료입니다.

7. Yes, raising a dog takes a lot of _____ .
   그래, 강아지를 기르는 건 많은 책임이 따르잖아.

8. In fact, the clock is famous for its _____ .
   실제로, 이 시계는 그 신뢰성으로(시계가 잘 맞는 것으로) 유명하다.

9. Otherwise, you will have a _____ stomachache like me!
   그렇지 않으면 나처럼 심한 배탈이 날 거야!

10. German cars have been known for their _____ safety features.
    독일제 자동차는 믿을 수 있는 안전 기능으로 알려져 왔다.

11. Most flights have been canceled because of poor _____ .
    좋지 않은 가시성 (볼 수 있음) 때문에 대부분의 비행이 취소 되었습니다.

12. The elderly ladies on Hip Hop Nation have _____ swag.
    힙합의 민족에 출연하는 나이가 지긋한 여성분들은 매우 놀라운 스웩을 갖고 있습니다.

정답
[1] 1 존경, 존경하다 2 받아들이다 3 반응하다 4 가능한 5 없는+믿음 6 땅 7 향하는+가치 8 가치 9 꼭 맞다 10 항구, 이송 11 이해하다 12 보다 13 편안함 14 의존하다 15 이유, 이성 16 변화하(시키)다
[2] 1 수락가능, 허용능 2 유능한 3 믿을 수 있는 4 안정성 5 받아들일 수 있는 6 끔찍한 7 편안한 8 유효성, 효용성 9 사용 가능한 10 책임(감) 11 가치있는 12 가변성 13 믿을 수 없는, 놀라운 14 책임지는 15 존경할만한 16 가시성 17 합리적인 18 휴대 가능한 19 믿을만함 20 가능성
[3] 1 rely 2 suit 3 respond 4 value 5 comfort 6 accept 7 responsibility 8 reliability 9 terrible 10 reliable 11 visibility 12 incredible

UNIT 11-12 총정리

형용사를 만드는 접미사 테스트

Step 1. 아래에 있는 접미사를 이용하여 단어를 형용사로 바꾸고 의미를 써보자.

-al, -ate, -able

	단어	의미		단어	의미
1 origin			6 reason		
2 passion			7 fortune		
3 respect			8 nature		
4 port			9 tradition		
5 industry			10 rely		

Step 2. 다음 단어의 품사와 의미를 써보자.

	품사	의미		품사	의미
1 valuable			6 central		
2 comfort			7 visible		
3 possible			8 social		
4 reliability			9 separate		
5 logical			10 activate		

Step 3. 다음 의미에 맞는 단어를 써보자.

1. 놀라운 _____
2. 책임감 _____
3. 고전적인 _____
4. 국가의 _____
5. 합리성 _____
6. 독창적인 _____
7. 습관 _____
8. 연관 짓다 _____
9. 1년의 _____
10. 산업의 _____

Step 4. 밑줄 친 단어가 잘못 쓰인 문장을 골라보자.

1. Fast food is now *associated* with freedom, family, and many factors in society.
2. The case not only recharges the battery, but also provides *additional* storage.
3. They predicted that there is a *possible* Mount Fuji will erupt again.
4. Different constellations are *visible* depending on location and season.

정답

[1] 1 original 원리의, 독창적인 2 passionate 열정적인 3 respectable 존경할만한 4 portable 휴대용의 5 industrial 산업의 6 reasonable 합리적인 7 fortunate 다행스러운 8 natural 자연적인 9 traditional 전통적인 10 reliable 믿을만한

[2] 1 형용사/가치있는 2 명사/안락, 편안 3 형용사/가능한 4 명사/믿음직함 5 형용사/논리적인 6 형용사/중앙의 7 형용사/볼 수 있는 8 형용사/사회적인 9 동사, 형용사/분리되다(된) 10 동사/활성화하다

[3] 1 incredible 2 responsibility 3 classical 4 national 5 reasonability 6 original 7 habit 8 associate 9 annual 10 industrial

[4] 3번 possibility로 고침(a 뒤는 명사 자리임)

UNIT 13

각종 **어근**과 또는 **동사** + |−(c)ant,
−ent| = 형용사

어렵지 않은 어근과 동사에 '−(c)ant, −ent'가 접미사로 붙어 형용사가 되는 경우를 보려해. '−(c)ant, −ent'는 형용사를 만드는 접미사 중 영어에서 매우 자주 사용하는 녀석들이므로 잘 공부해 놔야해. 또한 이렇게 만든 형용사들이 명사로 변할 때 −ance나 −ence 등 규칙적으로 바뀌니까 형용사를 알아두면 명사까지 함께 알게 되는 효과가 있지. 열심히 배워 보자구.

UNIT 13.1 쉬운 단어지만 필수니까!

Essential Words & Roots

필수 단어 및 어근	의미
please	
import	
signify	
differ	
depend	
confide	
anc- =previous	
effic- =out+make	
perman- =continue	
conven- =together+come	
intellig- =between+choose	

UNIT 13.2 Adding Adjective Suffixes
이제 접미사를 붙여보자

유튜브 무료 강의 동영상 : 이단아VOCA
Green Level : Season 1 : Unit 13.2

필수 단어 및 어근	형용사형 접미사	완성 단어	새로운 의미
please	ant		
import	ant		
signify	cant		
differ	ent		
depend	ent		
confide	ent		
anc-	ent		
effic-	ent		
perman-	ent		
conven-	ent		
intellig-	ent		

다음 페이지로 넘어가자~ ⇨ ⇨ ⇨ ⇨

Green Level – Season 1 _ Unit 13

UNIT 13.2 Additional Study
쉽지 않지만 조금 더 알아볼까

필수 단어	명사형 접미사	완성 단어	새로운 의미
please	ance		
import	ance		
signify	cance		
differ	ence		
depend	ence		
confide	nce		
anc-	iency		
effic-	iency		
perman-	ence		
conven-	ience		
intellig-	ence		

단어의 변형과 의미를 다시 한 번 정리!

의미가 달라지는 단어도 있으니 잘 기억해!

please	기쁘게 하다	pleasant	기쁜, 즐거운
import	수입하다	important	중요한
signify	의미하다	significant	중대한, 의미 있는
differ	다르다	different	다른
depend	의존하다	dependent	의존하는
confide	털어놓다	confident	자신 있는
anc- =previous	이전의	ancient	고대의
effic- =out+make	밖으로+만들다	efficient	효율적인
perman- =continue	계속하다	permanent	영구적인
conven- =together+come	함께+오다	convenient	편리한
intellig- =between+choose	사이에+선택하다	intelligent	총명한
		pleasance	산책로 (고어)
		importance	중요성
		significance	의미 있음, 중대성
		difference	차이
		dependence	의존성, 의존함
		confidence	자신감
		efficiency	능률, 효율
		permanence	영구성
		convenience	편리성, 편리함
		intelligence	지능, 정보

Green Level – Season 1 _ Unit 13

UNIT 13 오늘의 쪽지 시험

학습 효과를 확인해봐~!

1. 단어의 의미를 써보자.

	단어	의미		단어	의미
1	differ		7	conven- =together+come	
2	perman- =continue		8	import	
3	effic- =out+make		9	confide	
4	signify		10	anc-=previous	
5	please		11	intellig- =between+choose	
6	depend				

2. 접미사 붙여 한 번 더~

	단어	의미		단어	의미
1	convenience		11	pleasance	
2	confidence		12	different	
3	efficiency		13	difference	
4	convenient		14	intelligent	
5	importance		15	ancient	
6	significance		16	dependence	
7	dependent		17	intelligence	
8	important		18	pleasant	
9	significant		19	confident	
10	permanent		20	efficient	

3. 빈 칸에 알맞은 단어를 넣자.

1. It can _____ passion and love.
   그것은 열정과 사랑을 나타냅니다.

2. We _____ from each other in many ways.
   우린 여러 면에서 서로 다릅니다.

3. You can't _____ everybody.
   모든 사람을 기쁘게 할(모든 사람의 비위를 맞춰 줄) 수는 없다.

4. I _____ on you for everything.
   너에게 모든 것을 의존한다.

5. Simply put, it costs less to _____ from the U.S.
   즉, 미국으로부터 수입하는 것은 비용이 덜 든다.

6. Why even _____ me at all?
   그럼 왜 나한테 털어놨어?

7. It is also lower in cost and has a higher production _____ .
   가격도 더 낮고 생산 효율성도 더 높습니다.

8. He gives _____ in listening to other people's opinions.
   그는 다른 사람의 의견을 듣는데 중요성을 둔다.

9. However, giving them subsidiaries is not a _____ solution.
   하지만, 그들에게 보조금을 지원하는 것은 영구적인 해결책이 아닙니다.

10. Then, can Internet addiction also affect _____ ?
    그러면, 인터넷 중독이 지능에도 영향을 미칠 수 있을까요?

11. This resulted in a crisis of overall _____ in the country.
    그 결과 그리스에 대한 전체적인 신뢰 위기에 까지 이르렀다.

12. Machu Picchu of Peru is an _____ city of the Inca Empire.
    페루의 마추픽추는 잉카 제국의 고대 도시입니다.

정답
[1] 1 다르다 2 계속되는 3 밖으로+만드는 4 나타내다 5 즐겁게 하다 6 의존하다 7 함께+오다 8 수입(하다) 9 (비밀을)털어놓다 10 이전의 11 ~사이에서+선택하는
[2] 1 편안, 편리성 2 자신감 3 효율성 4 편안한 5 중요성 6 중요성 7 의존하는 8 중요한 9 중요한 10 영구적인 11 산책로 12 다른 13 차이 14 지능이 뛰어난 15 고대의 16 의존 17 지능, 정보 18 기쁜, 즐거운 19 자신있는 20 효율적인
[3] 1 signify 2 differ 3 please 4 depend 5 import 6 confide 7 efficiency 8 significance 9 permanent 10 intelligence 11 confidence 12 ancient

UNIT 14

명사 또는 어근 + | -ous | = 형용사

어렵지 않은 명사나 어근에 '-ous'라는 접미사를 붙이면 형용사로 변해.
형용사를 만드는 접미사 중 '-ous'는 영어에서 매우 자주 사용하는 접미사이므로
잘 공부해 놔야해. 이렇게 만든 형용사들이 명사로 변하면
-ness로 바뀌니까 형용사를 알아두면 명사까지 함께 알게 되는 효과가 있지.
단, 조심 할 것은 -ness가 붙어 명사가 되었을 때 앞 형용사 의미의
확정적 상태를 나타낸다는 것만 명심 하면 되.
열심히 배워 보자구.

UNIT 14.1 Essential Words & Roots
쉬운 단어지만 필수니까!

유튜브 무료 강의 동영상 : 이단아VOCA
Green Level : Season 1 : Unit 14.1

필수 단어 및 어근	의미
danger	
nerve	
fame	
mystery	
court	
desire	
ambition	
ser- = severe	
obvi- = against+way	
delic- = down+choose	
anx- = hang	

UNIT 14.2 Adding Adjective Suffixes
이제 접미사를 붙여보자

유튜브 무료 강의 동영상 : 이단아VOCA
Green Level : Season 1 : Unit 14.2

필수 단어 및 어근	형용사형 접미사	완성 단어	새로운 의미
danger	ous		
nerve	ous		
fame	ous		
mystery	ous		
court	ous		
desire	ous		
ambition	ous		
ser-	ous		
obvi-	ous		
delic-	ous		
anx-	ous		

다음 페이지로 넘어가자~

UNIT 14.2 쉽지 않지만 조금 더 알아볼까

Additional Study

유튜브 무료 강의 동영상 : 이단아VOCA
Green Level : Season 1 : Unit 14.2

필수 단어	명사형 접미사	완성 단어	새로운 의미
dangerous	ness		
nervous	ness		
famous	ness		
mysterious	ness		
courteous	ness		
desirous	ness		
ambitious	ness		
serious	ness		
obvious	ness		
delicious	ness		
anxious	ness		

단어의 변형과 의미를 다시 한 번 정리!

의미가 달라지는 단어도 있으니 잘 기억해!

danger	위험	dangerous	위험한
nerve	신경	nervous	불안한
fame	명성	famous	유명한
mystery	미스터리	mysterious	신비로운
court	궁정, 법정, 경기장	courteous	예의 바른
desire	욕구	desirous	바라는
ambition	야망	ambitious	야망 있는
ser- = severe	혹독한, 심각한	serious	심각한
obvi- = against+way	반대편+길	obvious	명백한
delic- = down+choose	아래로+선택하다	delicious	맛있는
anx- = hang	매달리다	anxious	걱정하는
		dangerousness	위험함
		nervousness	불안함, 신경 쇠약
		famousness	유명함, 훌륭함
		courteousness	예의바름, 공손함
		desirousness	바래 봄
		ambitiousness	야심만만함
		seriousness	심각함, 중대함
		obviousness	명백함
		deliciousness	맛있음, 유쾌함
		anxiousness	걱정스러움, 갈망함

UNIT 14 | 오늘의 쪽지 시험
학습 효과를 확인해봐~!

1. 단어의 의미를 써보자.

	단어	의미		단어	의미
1	delic–=down+choose		6	ambition	
2	desire		7	danger	
3	court		8	nerve	
4	obvi–=against+way		9	fame	
5	anx–=hang		10	mystery	

2. 접미사 붙여 한 번 더~

	단어	의미		단어	의미
1	dangerous		11	deliciousness	
2	nervous		12	anxiousness	
3	famous		13	seriousness	
4	mysterious		14	anxious	
5	courteous				
6	desirous				
7	ambitious				
8	serious				
9	obvious				
10	delicious				

3. 빈 칸에 알맞은 단어를 넣자.

1. But, his distorted _____ leads to his own ruin and death.
   그러나, 그의 왜곡된 야망은 자신의 파멸과 죽음으로 몰고 갑니다.

2. Major _____s and senses are all connected to the spine.
   주요 신경과 감각이 모두 척추에 연결되어 있습니다.

3. He gained _____ and wealth by being a great inventor.
   그는 위대한 발명가로 명성과 부를 쌓아 왔습니다.

4. Most children have materialistic _____s.
   대부분의 어린이들은 물질주의적 욕망이 있다.

5. With House consent, the _____ will then issue a summons.
   국회의 동의가 있으면, 법원은 구인장을 발부한다.

6. The legend behind the holiday is filled with _____ .
   그 기념일의 전설은 미스터리로 가득 차 있습니다.

7. Or at least experience a taste of _____ jungle life?
   혹은 적어도 신비한 정글 생활을 맛보는 경험을 해 보고 싶은 사람이 얼마나 있나?

8. Who's the most _____ , tenacious person in the world?
   세상에서 가장 야심 있고, 끈기 있는 사람은 누구일까요?

9. Therefore the most _____ step is to clean up the plastic.
   따라서 가장 분명한 조치는 플라스틱을 깨끗이 치우는 것이다.

10. They both seem _____ , and the first type are quite rare.
    그들은 모두 공손해 보이고, 첫 번째 유형은 매우 희귀하다.

11. The _____ had to do with the lateness of the hour.
    그 염려는 지각과 관련이 있었습니다.

12. Child obesity is a _____ social problem in the country.
    아동 비만은 미국에서 심각한 사회문제입니다.

정답

[1] 1 아래로+선택하다 2 욕망, 욕구 3 궁정, 경기장, 법원 4 반대편+길 5 매달리다 6 야망 7 위험 8 신경 9 명성 10 미스터리
[2] 1 위험한 2 긴장한, 신경 쓰이는 3 유명한 4 미스터리한 5 예의바른 6 바라는 7 야망 있는 8 중대한, 심각한 9 명백한 10 맛있는 11 맛있음, 유쾌함 12 걱정스러움, 갈망함 13 중대함 14 걱정, 갈망하는
[3] 1 ambition 2 nerve 3 fame 4 desire 5 court 6 mystery 7 mysterious 8 ambitious 9 obvious 10 courteous 11 anxiousness 12 serious

UNIT 13-14 총정리

형용사를 만드는 접미사 테스트

■ **Step 1.** 아래에 있는 접미사를 이용하여 단어를 형용사나 명사로 바꾸고 의미를 써보자.

-a(e)nt, -ment, -(e)ous, -ness, -ence

	단어	의미		단어	의미
1 signify	___	___	6 famous	___	___
2 danger	___	___	7 differ	___	___
3 nervous	___	___	8 desire	___	___
4 confine	___	___	9 depend	___	___
5 court	___	___	10 import	___	___

■ **Step 2.** 다음 단어의 품사와 의미를 써보자.

	품사	의미		품사	의미
1 significant	___	___	6 permanent	___	___
2 depend	___	___	7 intelligent	___	___
3 ancient	___	___	8 efficient	___	___
4 obvious	___	___	9 import	___	___
5 mysterious	___	___	10 pleasant	___	___

Step 3. 다음 의미에 맞는 단어를 써보자.

1 기쁘게 하다 _____   6 중요성 _____

2 위험한 _____   7 명백함 _____

3 예의 바른 _____   8 명성 _____

4 의존하는 _____   9 야망 있는 _____

5 털어놓다 _____   10 차이 _____

Step 4. 밑줄 친 단어가 잘못 쓰인 문장을 골라보자.

1   He gained *famous* and wealth by being a great inventor.

2   But their alliance broke down due to conflicting *ambitions* among them.

3   The doctors want young patients to have a *pleasant* experience.

4   The word Kyongchip is used to *signify* the coming of spring in Korea.

정답

[1] 1 significant 중요한 2 dangerous 위험한 3 nervousness 불안함 4 confinement 감금 5 courteous 예의바른 6 famousness 유명함 7 difference 차이 8 desirous 바라는 9 dependent 의존적인 10 important 중요한
[2] 1 형용사/중요한 2 동사/의존하다 3 형용사/고대의 4 형용사/명백한 5 형용사/미스터리한 6 형용사/영구적인 7 형용사/총명한 8 형용사/효율적인 9 동사, 명사/수입(하다) 10 형용사/즐거운
[3] 1 please 2 dangerous 3 courteous 4 dependent 5 confide 6 significance;importance 7 obviousness 8 fame 9 ambitious 10 difference
[4] 1번 fame으로 고침(gained의 목적어 명사 자리임)

UNIT 15

동사 또는 명사 + | **-ful,**
-less | = **형용사**

'~가득찬, ~가 없는' 뜻의

어렵지 않은 동사와 명사에 '-ful, -less'가 접미사로 붙어 형용사가 되는 경우를 보려해.
'-ful' 은 앞의 동사나 명사가 '가득찬'이라는 의미를 지니게 되고 '-less'는 '~이 없는' 이라는 의미가 되지.
형용사를 만드는 접미사 중 영어에서 매우 자주 사용하는 녀석들이므로 잘 공부해 놔야해.
이렇게 만든 형용사들이 명사로 변하면 모두 -ness가 뒤에 붙으니까
형용사를 알아두면 명사까지 함께 알게 되는 효과가 있지.
한 번 열심히 배워 보자구.

UNIT 15.1 Essential Words
쉬운 단어지만 필수니까!

유튜브 무료 강의 동영상 : 이단아VOCA
Green Level : Season 1 : Unit 15.1

필수 단어	의미
use	
hope	
care	
help	
harm	
respect	
waste	
wonder	
forget	
color	
power	
pain	
thought	
faith	
awe	
beauty	
success	

UNIT 15.2 Adding Adjective Suffixes
이제 접미사를 붙여보자

유튜브 무료 강의 동영상 : 이단아VOCA
Green Level : Season 1 : Unit 15.2

필수 단어	형용사형 접미사	완성 단어	새로운 의미
use	ful		
hope	ful		
care	ful		
help	ful		
harm	ful		
respect	ful		
waste	ful		
wonder	ful		
forget	ful		
use	less		
hope	less		
care	less		
help	less		
harm	less		
respect	less		
waste	less		
wonder	less		
forget	less		

다음 페이지로 넘어가자~ ⇨ ⇨ ⇨ ⇨

UNIT 15.2 이제 접미사를 붙여보자

Adding Adjective Suffixes

유튜브 무료 강의 동영상 : 이단아VOCA
Green Level : Season 1 : Unit 15.2

필수 단어	형용사형 접미사	완성 단어	새로운 의미
color	ful		
power	ful		
pain	ful		
thought	ful		
faith	ful		
awe	ful		
beauty	ful		
success	ful		
color	less		
power	less		
pain	less		
thought	less		
faith	less		
awe	less		
beauty	less		
success	less		

UNIT 15.2 Additional Study — 쉽지 않지만 조금만 더 알아볼까

유튜브 무료 강의 동영상 : 이단아VOCA
Green Level : Season 1 : Unit 15.2

필수 단어	형용사형 접미사	완성 단어	새로운 의미
end	less		
home	less		
price	less		
count	less		
breath	less		

Green Level – Season 1 _ Unit 15

단어의 변형과 의미를 다시 한 번 정리!

의미가 달라지는 단어도 있으니 잘 기억해!

use	사용하다	useful	유용한	useless	쓸모 없는
hope	희망하다	hopeful	희망적인	hopeless	가망 없는
care	돌보다, 주의	careful	주의, 조심하는	careless	부주의한
help	돕다	helpful	도움이 되는	helpless	무력한, 속수무책인
harm	해를 입히다	harmful	해를 입히는	harmless	무해한
respect	존경하다	respectful	존경하는	respectless	무례한, 실례되는
waste	낭비하다	wasteful	낭비하는	wasteless	무진장의, 매우 많은
wonder	궁금해 하다, 크게 놀라다	wonderful	놀라운		
forget	잊어버리다	forgetful	잘 잊어버리는		
color	색깔	colorful	다채로운	colorless	무색의, 창백한
power	힘, 권력	powerful	강력한	powerless	무력한
pain	고통	painful	고통스러운	painless	고통 없는, 무통의
thought	생각, 사고	thoughtful	사려 깊은	thoughtless	무심한, 배려심 없는
faith	믿음	faithful	충실한, 신의있는	faithless	신뢰할 수 없는
awe	경외	aw(e)ful	끔찍한, 지독한	aw(e)less	두려움 없는, 무례한
beauty	미, 아름다움	beautiful	아름다운		
success	성공	successful	성공적인		
end	끝나다	endless	끝없는, 무한한		
home	집	homeless	집이 없는		
price	가격	priceless	매우 값진		
count	세다	countless	수많은, 셀 수 없는		
breath	호흡	breathless	숨이 가쁜		

UNIT 15 | 오늘의 쪽지 시험
학습 효과를 확인해봐~!

1. 단어의 의미를 써보자.

단어	의미		단어	의미
1 care			11 hope	
2 wonder			12 color	
3 use			13 pain	
4 forget			14 beauty	
5 waste			15 thought	
6 respect			16 power	
7 awe			17 success	
8 faith			18 count	
9 harm			19 price	
10 help				

2. 접미사 붙여 한 번 더~

단어	의미		단어	의미
1 useful			11 useless	
2 hopeful			12 harmless	
3 wasteless			13 careless	
4 helpful			14 helpless	
5 harmful				
6 respectful				
7 wasteful				
8 hopeless				
9 careful				
10 respectless				

3. 빈 칸에 알맞은 단어를 넣자.

1. We _____ others and hope to be respected as well.
   우리는 다른 사람들을 존중하고 우리도 존중 받길 희망한다.

2. This is the first time a human has controlled a robot with _____ alone.
   이것은 사상 처음으로 인간이 생각만으로 로봇을 조종하는 장면입니다.

3. We will never _____ you, Mr. Lee! Rest in peace!
   우리는 당신을 절대 잊지 못할 겁니다, 미스터 리! 편히 쉬세요!

4. His strong beliefs and religious _____ has set him apart.
   그의 강한 신념과 종교적인 믿음은 그를 돋보이게 했다.

5. I'm just completely in _____ of you.
   제겐 너무 경외로운 존재세요.

6. The snail looks like it is _____ing what is on its back.
   그 달팽이는 자신의 등에 뭐가 있는지 궁금해 하는 것처럼 보입니다.

7. "I am _____ but I am not hopeless."
   나는 노숙자이지만 희망이 없지 않습니다.

8. Most of them are _____ .
   그것들 중 대부분은 해롭지 않습니다.

9. They say that the company was too _____ .
   그들은 그 회사가 너무 부주의했다고 말한다.

10. They are actually very kind and _____ .
    그들은 친절하고 도움을 주는 분들이야.

11. The next time you pass a tomb, make sure you are _____ !
    여러분이 다음 번에 무덤을 지나치면, 꼭 경의를 표하기를 바랍니다!

12. So I am completely _____ on days when I wake up early.
    그래서 일찍 일어나는 날에, 저는 완전히 쓸모 없습니다.

정답
[1] 1 돌보다,주의 2 궁금해 하다 3 사용하다 4 잊어버리다 5 낭비하다 6 존중, 존경하다 7 경외(심) 8 신뢰, 믿음 9 해를 끼치다 10 돕다, 도움 11 희망(하다) 12 색깔 13 고통 14 아름다움 15 생각, 사고 16 힘, 권력 17 성공 18 세다 19 가격, 가치
[2] 1 유용한 2 희망적인 3 무진장의, 매우 많은 4 도움을 주는 5 해로운 6 존경하는 7 낭비하는 8 희망 없는 9 주의깊은 10 무례한, 실례 되는 11 쓸모없는 12 무해한 13 부주의한 14 무력한, 속수무책의
[3] 1 respect 2 thought 3 forget 4 faith 5 awe 6 wonder 7 homeless 8 harmless 9 careless 10 helpful 11 respectful 12 useless

Green Level – Season 1 _ Unit 15

UNIT **16**

엄청나게 쉬운 **명사**
일부 동사 또는 **어근** + -ly, -ish = 형용사

엄청나게 쉬운 명사와 한정된 동사 그리고 어근에 '-ly, -ish' 라는 접미사를 붙이면
형용사로 변해. 단, 한가지, Unit 17 에서 배우겠지만 '-ly'는
부사를 만드는데도 사용하니 주의할 것을 당부 할게.
의외로 자주 쓰이는 접미사들이니 신중히 학습해 두면 좋을 거야.

Green Level – Season 1 _ Unit 16

UNIT 16.1 Essential Words & Roots
쉬운 단어지만 필수니까!

필수 단어 및 어근	의미
hour	
day	
month	
year	
man / woman	
love / like	
kind	
fool	
red	
child	
self	
England	
Spain	
wood	
gold	
wool	
sol = sun, unique	
stup = dumb	
rap = catch	
viv = life, move	

UNIT 16.2 Adding Adjective Suffixes
이제 접미사를 붙여보자

유튜브 무료 강의 동영상 : 이단아VOCA
Green Level : Season 1 : Unit 16.2

필수 단어 및 어근	형용사형 접미사	완성 단어	새로운 의미
hour	ly		
day	ly		
month	ly		
year	ly		
man	ly		
woman	ly		
love	ly		
like	ly		
kind	ly		
fool	ish		
red	ish		
child	ish		
self	ish		
England	ish		
Spain	ish		
wood	en		
gold	en		
wool	en		
sol-	id		
stup-	id		
rap-	id		
viv-	id		

단어의 변형과 의미를 다시 한 번 정리!

의미가 달라지는 단어도 있으니 잘 기억해!

hour	시	hourly	시간마다
day	날	daily	매일, 날마다
month	달	monthly	매 달마다
year	해, 년	yearly	매 해마다
man	남자	manly	남자다운
woman	여자	womanly	여성스러운
love	사랑하다	lovely	사랑스러운
like	좋아하다	likely	~할 것 같다
kind	친절한	kindly	친절한, 친절하게
fool	바보	foolish	바보 같은
red	붉은	reddish	발그레한
child	어린이	childish	유치한
self	자기자신	selfish	이기적인
England	잉글랜드	English	영국인의, 영어
Spain	스페인	Spanish	스페인인의, 스페인어
wood	나무, 목재	wooden	나무로 된
gold	금	golden	금으로 만든
wool	양털, 양모	woolen	양털로 된
sol = sun, unique, whole	전체, 태양, 유일한	solid	딱딱한
stup = dumb	말문이 막힌	stupid	멍청한
rap = catch	붙잡다	rapid	빠른
viv = life, move	생명	vivid	활기찬, 생생한

UNIT 16 오늘의 쪽지 시험
학습 효과를 확인해봐~!

1. 단어의 의미를 써보자.

단어	의미		단어	의미
1 child		11	year	
2 red		12	gold	
3 viv-=life,move		13	day	
4 fool		14	sol-=unique	
5 stup-=dumb		15	hour	
6 self		16	England	
7 man / woman		17	kind	
8 Spain		18	rap-=catch	
9 love / like		19	month	
10 wood		20	nature	

2. 접미사 붙여 한 번 더~

단어	의미		단어	의미
1 vivid		11	reddish	
2 daily		12	childish	
3 monthly		13	selfish	
4 yearly		14	English	
5 solid		15	Spainish	
6 womanly		16	wooden	
7 lovely		17	golden	
8 likely		18	woolen	
9 kindly		19	stupid	
10 foolish		20	manly	

3. 빈 칸에 알맞은 단어를 넣자.

1. Thanks to a very _____ police officer, I'm safe and sound.
   친절한 경찰관 덕분에 난 무사했어.

2. To our surprise, they still burn coal and _____ for heat.
   놀랍게도, 그들은 여전히 난방을 위해 석탄과 나무를 태웁니다.

3. And by the way, you're a _____ .
   그리고, 당신은 바보에요

4. February is graduation _____ .
   2월은 졸업의 달이다.

5. _____ obesity is a serious social problem in the country.
   아동 비만은 미국에서 심각한 사회문제입니다.

6. It took more than 18 _____s to make the pizza.
   그 피자를 만드는 데 18시간 이상의 시간이 걸렸습니다.

7. Normally, they are round and _____ .
   보통 동그랗고 불그스름하다.

8. Recently she has become more _____ .
   그 아이는 요새 점점 여자다운 데가 나타나고 있다.

9. _____ people are lonely.
   이기적인 사람들은 외롭습니다.

10. Hyundai said it plans to increase the _____ pay up to $22.
    현대는 시간당 급여를 22불로 인상할 계획이다.

11. This is too _____ to be called a sense of justice.
    불의를 참지 못하는 기질이라고 보기엔 한없이 가볍고 유치하다.

12. Such a dress is usually in red and _____ primary colors.
    이런 드레스는 대개 빨간색과 활기찬 원색입니다.

정답

[1] 1 어린이 2 붉은 3 생명, 움직이다 4 바보 5 말 못하는 6 자기 자신 7 남자/여자 8 스페인 9 사랑하다/좋아하다 10 나무, 목재 11 해, 년 12 금 13 날 14 태양, 유일한, 전체 15 시간 16 잉글랜드 17 친절한, 종류 18 붙잡다 19 달, 월 20 자연

[2] 1 활기찬, 생생한 2 매일 3 매월 4 매년 5 딱딱한 6 여성적인 7 사랑스러운 8 ~할 것 같은 9 바보 같은 10 발그레한 11 유치한 12 이기적인 13 영국인(의), 영어 14 스페인(의), 스페인어 15 나무로 된 16 금으로 된 17 양털로 된 18 멍청한 19 남자다운

[3] 1 kind 2 wood 3 fool 4 month 5 Child 6 hour 7 reddish 8 womanly 9 Selfish 10 hourly 11 childish 12 vivid

UNIT 17

엄청나게 쉬운 **형용사, 전치사, 부사, 명사**와 **어근** + | -ly, -ward, -wise, -way(s) | = 부사

형용사, 전치사, 부사, 명사와 어근에 '-ly, -ward, -wise, -way(s)'를 붙이면 문장에서 동사나 형용사, 부사, 문장을 수식하는 부가 기능을 하는 부사로 변해. 단, Unit 16 에서 배웠겠지만 '-ly'는 형용사를 만드는데도 사용하니 주의할 것을 당부 할게. 가장 자주 쓰이는 부사형 접미사들이니 신중히 학습해 두면 좋을 거야.

UNIT 17 쉬운 단어 부사로 만들기

Essential Words & Adding Adverb Suffixes

유튜브 무료 강의 동영상 : 이단아VOCA
Green Level : Season 1 : Unit 17

필수 단어	부사형 접미사	완성 단어	새로운 의미
beautiful	ly		
sad	ly		
glad	ly		
final	ly		
careful	ly		
real	ly		
happy	ly		
easy	ly		
deep	ly		
clear	ly		
quiet	ly		
usual	ly		
actual	ly		
simple	ly		
sudden	ly		
probable	ly		
near	ly		
hard	ly		

UNIT 17 전치사, 부사, 접두사 부사로 만들기

Essential Words & Adding Adverb Suffixes

유튜브 무료 강의 동영상 : 이단아VOCA
Green Level : Season 1 : Unit 17

필수 단어	부사형 접미사	완성 단어	새로운 의미
to	ward		
up	ward		
down	ward		
in	ward		
out	ward		
back	ward		
for-	ward		
after	ward		
re-	ward		
clock	wise		
like	wise		
al(l)-	ways		
any	ways		

단어의 변형과 의미를 다시 한 번 정리!

의미가 달라지는 단어도 있으니 잘 기억해!

beautiful	아름다운	beautifully	아름답게
sad	슬픈	sadly	슬프게
glad	기쁜	gladly	기쁘게
final	마지막의	finally	결국
careful	주의 깊은	carefully	주의 깊게
real	실제의, 사실의	really	정말로, 실제로
happy	행복한	happily	행복하게
easy	쉬운	easily	쉽게
deep	깊은	deeply	깊게
clear	명백한	clearly	명백하게
quiet	조용한	quietly	조용하게
usual	보통의	usually	일반적으로
actual	실제적인	actually	실제로
simple	단순한	simply	단순하게
sudden	갑작스런	suddenly	갑자기
probable	있을 법한	probably	아마도
near	가까운, 가까이	nearly	거의
hard	딱딱한, 힘든, 고된, 힘들게, 심하게	hardly	거의~하지 않는
to	~향해서	toward	~를 향해서
up	위로	upward	위를 향해서
down	아래로	downward	아래를 향해서
in	~안에	inward	안으로
out	~밖에	outward	밖으로
back	뒤로	backward	뒤를 향해서
for-	앞쪽	forward	앞으로
after	~이후에, 뒤에, 뒤로	afterward	후에, 나중에
re-	다시	reward	보상
clock	시계	clockwise	시계 방향으로
like	~처럼, ~같은	likewise	똑같이, 비슷하게, 마찬가지로
al(l)-	모두, 전부	always	항상, 언제나
any	어떤 것	anyway(s)	어쨌든
		anticlockwise	시계 반대 방향으로
		counterclockwise	시계 반대 방향으로

UNIT 17 | 오늘의 쪽지 시험
학습 효과를 확인해봐~!

1. 단어의 의미를 써보자.

단어	의미	단어	의미
1 clockwise		11 likewise	
2 carefully		12 beautifully	
3 quietly		13 really	
4 downward		14 clear	
5 afterward		15 probably	
6 actually		16 nearly	
7 sudden		17 backward	
8 hardly		18 simply	
9 anyway		19 final	
10 reward		20 easily	

2. 빈 칸에 알맞은 단어를 넣자.

1 _____ , the bears find some aspects of wildlife to be bizarre.
비슷하게, 그 곰들은 야생의 어떤 점들이 이상하다고 생각합니다.

2 They tried to find the cause of the _____ change in color.
그들은 색깔의 갑작스러운 변화 원인을 알아내려 했습니다.

3 As an old saying goes, "A good deed is its own _____ ."
"선행은 보상 받는다"는 잘 알려진 말이 있습니다.

4 It unwinds _____ to drill softly on a damp ground.
그것은 시계 방향으로 풀리며 축축한 땅에 부드럽게 파고든다.

5 It was a lot of fun, but I felt _____ sad afterwards.
많이 재미있었지만, 난 나중에 정말로 슬펐어.

6 You only use your eyes when you read _____ .
당신은 조용히 책을 읽을 때 눈만 사용합니다.

정답

[1] 1 시계 방향으로 2 주의깊게 3 조용히 4 아래쪽으로 5 이후에 6 실제로 7 갑작스러운 8 거의~하지 않는 9 어쨌든 10 보상 11 마찬가지로 12 아름답게 13 정말로 14 명백한 15 아마도 16 거의 17 뒤로 18 단순하게 19 최종적인, 마지막의 20 쉽게
[2] 1 Likewise 2 sudden 3 reward 4 clockwise 5 really 6 quietly

Green Level – Season 1 _ Unit 17

UNIT 15-17 총정리

형용사와 부사를 만드는 접미사 테스트

Step 1. 아래에 있는 접미사를 이용하여 단어를 형용사나 명사로 바꾸고 의미를 써보자.

> -ful, -ly, - ish, -en, -less, -ward, -wise

	단어	의미		단어	의미
1 wood			6 hour		
2 fool			7 care		
3 harm			8 after		
4 down			9 clock		
5 self			10 like		

Step 2. 다음 단어의 품사와 의미를 써보자.

	품사	의미		품사	의미
1 likewise			6 wasteful		
2 outward			7 harm		
3 sudden			8 respectful		
4 solid			9 rapid		
5 forgetful			10 easily		

Step 3. 다음 의미에 맞는 단어를 써보자.

1. 낭비하다 _____
2. 무해한 _____
3. 놀라운 _____
4. 바보 같은 _____
5. 이기적인 _____
6. 양털로 된 _____
7. 정말로 _____
8. 있을 법한 _____
9. 거의 _____
10. 실제적인 _____

Step 4. 밑줄 친 단어가 잘못 쓰인 문장을 골라보자.

1. They _simply_ wake up with ease because it became a habit to them.
2. This is because people often think that crying is _childish_.
3. The next time you pass a tomb, make sure you are _respectful_!
4. Well, it is true that we need to study _hardly_.

정답

[1] 1 wooden 나무로 된 2 foolish 바보 같은 3 harmful 해로운 4 downward 아래로 5 selfish 이기적인 6 hourly 시간마다 7 careful 주의깊은 8 afterward 이후에 9 clockwise 시계 방향으로 10 likewise 마찬가지로

[2] 1 부사/마찬가지로 2 부사/바깥으로 3 형용사/갑작스러운 4 형용사/딱딱한 5 형용사/잘 잊어버리는 6 형용사/낭비하는 7 동사/해를 끼치다 8 형용사/존경할만한 9 형용사/빠른 10 부사/쉽게

[3] 1 waste 2 harmless 3 wonderful 4 foolish 5 selfish 6 woolen 7 really 8 probable 9 nearly 10 actual

[4] 4번 hard로 고침(의미상 '거의 ~하지 않는'이 아니고 '열심히'이므로)

Yon made it perfectly!
Now let's go to the next step.

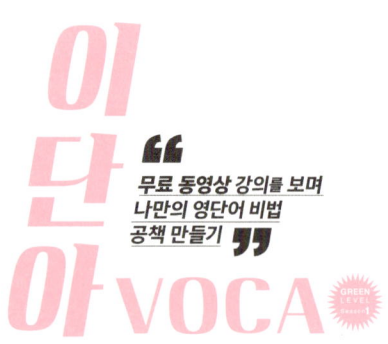

펴낸 날 초판 1쇄 2017년 7월 25일

지은이	김승범, 심호승
펴낸이	김민경
디자인	김명주 (주)앤디자인
인쇄	CH P&C
펴낸곳	PAN n PEN
출판등록	제307-2015-17호
주소	서울 성북구 길음로9길 40
전화	02-6384-3141
이메일	panpenpub@gmail.com
배본	승주출판유통
저작권	ⓒ김승범, 2017
편집저작권	ⓒPAN n PEN, 2017

이 책은 저작권법에 따라 보호를 받는 저작물이므로 무단 전재와 무단 복제를 금지하며, 이 책 내용의 전부 또는 일부를 이용하려면 반드시 저작권자와 PAN n PEN의 서면 동의를 받아야 합니다. 제본, 인쇄가 잘못되거나 파손된 책은 구입하신 곳에서 교환해드립니다.

ISBN 979-11-958828-3-0 13740
값 8,800원

감사합니다
촬영장소를 제공해 주신 산본 설연고학원 김범주 원장님
흔쾌히 출판을 허락해 주신 PANnPEN 김민경 님
좋은 책으로 완성시켜 주신 ㈜앤디자인 김명주 님
묵묵히 지켜 봐 주신 밥쌤의 아내 조순진 님과 딸 김규리 님
청아 황정화 여사님
구당 김기홍 거사님
진형자 여사님
많은 도움을 주신 원찬연, 최재훈, 유솔립 님